사라져가는 존재는 말이 없다

사라져가는 존재는 말이 없다

1판 1쇄 인쇄   2024년 10월 25일
1판 1쇄 발행   2024년 11월 1일

지은이   정의동
발행인   권정민
디자인   강유석
발행처   어티피컬
등 록   2022년 3월 28일(제 2022-000025호)
주 소   (우)04313 서울시 용산구 청파로45길 34(청파동)
이메일   atypical.book@gmail.com
ISBN   979-11-982905-3-3 (03810)

ⓒ 정의동, 2024

이 책은 저작권법에 따라 보호를 받는 저작물이므로 무단전제와 복제를 금하며,
이 책은 내용의 전부 또는 일부를 사용하려면 반드시 저작권자와 어티피컬 출판사의
서면 동의를 받아야 합니다.

* 이 책은 환경보호를 위해 친환경 재생용지를 사용했습니다.
* 잘못되거나 파손된 책은 구입하신 서점에서 교환해드립니다.
* 값은 뒤표지에 있습니다.

사라져가는 존재는 말이 없다

정의동 에세이

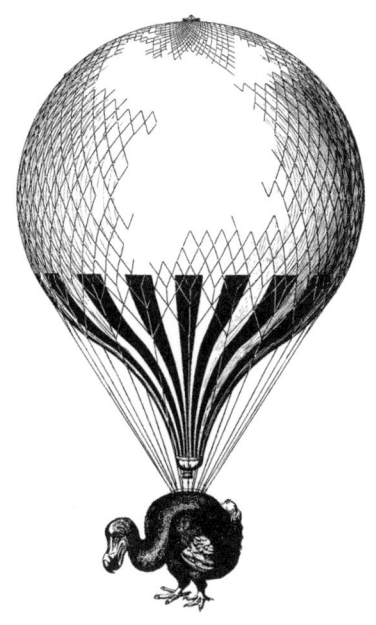

Atypical

추천의 글

많은 생명이 사라지고 있다. 그들이 살아남아야 하는 가장 큰 이유는 우리 인류가 지속하기 위해서다. 보아야 사랑하고 알아야 지킬 수 있다. 조형예술인 정의동 작가는 예술의 혼과 과학의 눈 그리고 노동의 손으로 사라져가는 존재들을 지키고 있다. 이 책은 생명보다 예술가가 먼저 사라질지 모르는 세상에서 치열하게 살아가는 작가의 생존일지다. 생명과 예술, 함께 살아남자!

이정모 (전 국립과천과학관장)

예술가는 세상의 수많은 고통 속에서 가장 깊은 깨달음을 얻고, 그것을 세상에 전하는 소명을 지닌 존재다. 그렇기에 예술은 필연적으로 상실과 슬픔을 품은 언어가 된다. 그러나 그 고통을 외면하지 않고, 오히려 그것을 끌어안고서 세상이 이해할 수 있는 새로운 언어로 탄생키는 일이야말로 예술가의 본질이자 그가 가져야 하는 시대정신이라고 할 수 있지 않을까.

그런 의미에서 정의동은 그러한 소명을 실천하는 예술가다. 그의 시선은 긴 겨울을 견디고 마침내 만물을 소생시키는 봄볕처럼 뭉근하고 부드럽다. 그의 시각과 손길을 따라가다 보면, 우리가 오래도록 잊고 있었던 아름다운 풍경과 존재들을 마주하게 된다. 그렇게 그는 우리에게 잃어버린 풍경을 다시 꿈꾸게 하고, 우리가 서로에게 무해한 존재로서 온전한 '우리'가 될 수 있는 길을 열어준다. 상실과 인고의 시간을 거친 끝에 세상에 건네는 그의 언어는 이처럼 평화롭고 따뜻하기만 하다.

김선우 (화가)

들어가며

　월드컵이 한창이던 6월, 초등학생으로 보이는 어린 아이가 뚝방길을 따라 걷고 있다. 따사로운 햇살 아래 산에서 불어오는 시원한 바람이 얼굴을 스쳐 지나간다. 뚝방길을 걷던 아이가 갑자기 후다닥 뛰어간다. 꼬마가 뛰어간 곳에는 친구들이 있다. 물에서 뛰놀고 꽃밭에서 뒹구는 아이들이 그저 행복해 보인다. 그 아이들 사이에 나도 있다.

　나는 학교가 끝나면 뚝방길을 따라 집을 갔다. 버스를 타거나 큰길을 따라 집에 갈 수도 있었지만 난 매일같이 뚝방길로 하교를 했다. 뚝방길을 걸어 집으로 가다 보면 옆으로 흐르는 전천과 주변의 풀숲이 전부 보였기 때문이다. 동네 친구들이 내천에서 물고기를 잡거나 강가에 들꽃에서 벌레들을 잡고 있는 날은 자연스럽게 가방을 뒤적여 필요한 물건을 꺼내 달려갔다. 내 가방에는 작은 낚싯대와 뜰채, 교과서 사이에 생물도감이 들어 있었다.

친구들이 꽃에서 딱정벌레 하나를 잡았다.

"야, 의동아. 이거 무슨 벌레야?"
"음, 이건 검정꽃무지야!"

친구들이 잡아 온 곤충과 물고기들을 열심히 동정해주었다. 잔디밭 위에서 작은 강연이 시작됐다. 나는 마치 교수님이라도 된 것 마냥 친구들에게 검정꽃무지의 생태에 대해 이야기해준다. 친구들에게 이런 정보를 알려주는 게 뿌듯했다. 두어 시간 뛰어놀았더니 피곤해졌다. 친구들과 저녁을 먹고 집 앞 놀이터에서 다시 만나기로 하고 집으로 들어갔다.

집에서 이른 저녁을 먹고 다시 밖으로 나섰다. 핸드폰도 없고 몇 시에 만나기로 한 것도 없으니 얼른 나가야 했다.

친구들 손에는 채집통과 잠자리채가 들려 있다. 우리

는 작은 탐험대가 되었다. 오늘의 탐사지역은 아파트 뒤 논밭이다. 논에 들어가면 혼나니 논 옆에 흐르는 작은 개울과 올해 농사를 쉬는 논에서 생물들을 찾았다. 어떤 생물이 발견될지, 두근두근 심장이 뛴다. 올챙이와 도롱뇽 유생을 잡았다. 송사리와 물자라, 물방개도 잡았다.

다시 한 번 시작되는 정의동의 생물 강의. 강의가 끝나고 잡은 생물들은 탐험대의 취향에 맞게 배분되어 채집통으로 들어간다. 도감에 적힌 내용에 맞게 생물들을 키우며 서로 이야기도 많이 나누었다.

"나 어제 잡은 송사리가 알 낳았어!"
"우와!"
"우리 집은 올챙이 뒷다리가 나왔어!"
"우리 집 올챙이도 빨리 뒷다리 나왔으면 좋겠다…."

어린 시절에 행복했던 순간이 있냐는 질문을 들으면 나는 시간여행을 한 듯 이때로 되돌아간다. 그날의 온도와 색상 그리고 작은 생물들과 만났을 때의 설렘. 이런 기억들이 오랜 시간이 지난 지금까지도 나에게 살아갈 힘을 준다.

'맹꽁이 서식지에 아파트가 들어선다,' '생태습지가 없어지고 도로가 생긴다' 등의 기사를 보았다. 깊은 숲속에 사는 산양과 사향노루 같은 멸종위기 종이 사라져가는 것도 안타깝지만 개인적으론 이렇게 우리 주변에 터를 잡고 살아가고 있는 작은 동식물들이 사라지는 게 더 안타깝다. 어린 시절의 추억이 있어서인지 더욱 개인적인 일로 다가오는 것 같다.

난 우리 후대의 사람들이 개구리나 송사리 같은 친근한 동물들마저 인터넷 사진이나 박물관에서나 접하게 될까 무섭다. 그렇다 한들 우리가 사는 세상에는 아무런 문제가 없을 지도 모른다. 하지만 적어도 소외된 동물들을 만드는 조형작가 한 명은 많이 슬플 것 같다. 내 자식이, 내 손자가, 아니 우리 다음세대의 어린아이들이 나와 같은 추억이 있었으면 좋겠다.

그렇게 되지 않기를 바라며 난 열심히 활동을 이어나가야 하지 않을까? 여러 가지 생각이 교차하는 밤이다.

사라지면 안 돼

그래서였다. 내가 동물 조형작가가 되기로 결심한 것이. 2017년에 시작해 어느덧 8년째 이 일을 하고 있다. 작업 활동을 한지 얼마 되지 않아 발발한 코로나19가 장기화되면서 하루하루를 버텨야 했다. 코로나19로 전국의 박물관에서 일제히 작업 의뢰가 끊겼던 시간들, 작가로서 한계를 느꼈던 고뇌의 순간들, 사람들에게 데어서 상처받았던 사건들 때마다 '이 일을 계속 해야 하나'라는 고민을 했다. 하지만 그때마다 내 마음은 한 지점으로 되돌아왔다.

'사라져가는 동물들을 알려야 돼. 잊혀지면 안 돼. 사라지면 안 돼.'

'왜 멸종위기 동물들을 보존해야 하나요?'라는 질문을 자주 받는다. 왜 그런 일에 자원을 써야 하냐는 의미로 그런 말을 하는 경우도 있다.
지구는 인간의 전유물이 아니다. 셀 수 없이 많은 생물들이 생태계를 이루며 공존한다. 생태계라는 개념이 중요하다. 건물에서 벽돌 하나 뺀다고 당장 건물이 무너지는 건 아니지만 하나둘씩 빠지다가 하중을 견디는 구조가 무너지는 그때 건물은 한순간에 무너진다. 생태계도 마찬가지일 수 있다. 한 종의 존재는 다른 종의 생존에 영향을 미친다. 사실 이런 이유를 설명할 필요도 없는 것이, 생명을 보존하는 것은 그 자체로 목적이지 다른 이유를 필요로 하지 않는다.

    조형작업을 하면서 수많은 동물들을 만났다. 거대한 공룡부터 작은 개구리까지, 상상 속의 도도새부터 가장 친근한 강아지까지. 작업은 그 종에 대한 공부에서 시작된다. 생김새와 특징을 상세히 알아야 하기 때문에 주로 논문을 찾아보고 전문가들을 찾아가 조언을 듣기도 한다. 공부를 하다 보면 자연스럽게 동물에 관한 이야기도 알게 된다. 대부분의 경우 동물의 멸종 원인은 인간의 탐욕과 이기심이다. 인간이 저들을 멸종으로 내몰았으니 책임감을 가져야 하는 건 당연한 이치다. 멸종은 당연한 이치가 무너진 결과다.

작은 관심이면 충분하다

사라져가는 이 동물들을 위해 무엇을 할 수 있을까? 무엇을 해야 할까? 처음에는 온 사회를, 지구를 바꿔야만 할 것 같다는 생각이 들었다. 하지만 고민 끝에 내린 결론은 '알려야 한다'였다. 다양한 생물이 멸종되었고, 또 가파르게 멸종해가고 있다. 그 이유는 다양하지만 공통적으로 적용되는 근본 원인이 있다면 바로 '무관심'이다. 멸종은 장기간에 걸쳐 서서히 일어난다. 막고자 하는 의지가 있다면 충분히 막을 시간이 있다. 그럼에도 불구하고 막지 못하는 이유는 단지 관심이 없어서다. 더 자세하게 말한다면 모르기 때문이다. 한 번도 들어보지 못한 일에 관심을 가진다는 건 불가능한 일이다. 대부분의 멸종은 인간에 의해서 일어나지만 일부러 동물을 멸종시키겠다고 하는 사람은 없을 것이다. 우리가 모르는 사이에 일어나는 일이다.

반대로 동물들을 멸종위기로부터 지키려면 어떻게 해야 할까? 해결책도 역시 '관심'이라고 생각한다. 어떤 제도나 정책, 지원금도 좋지만 많은 경우 미봉책에 그친다. 하지만 많은 사람이 멸종에 대해 걱정을 하고 위기의식을 느끼는 분위기가 확산이 되면 자연스럽게 사람들의 행동이 변하고 보호에 필요한 조치를 취하게 된다. 내가 할 수 있는 일이란 알리는 것뿐이었다. 하지만 시간이 흐르고 일을 할 수록 어쩌면 그것이 전부일 수 있겠다는 생각으로 변해갔다. 예를 들어 내가 상괭이 굿즈를 만들 때만 해도 상괭이에 대해 아는 사람을 볼 수가 없었다. 하지만 몇 년 사이 상괭이에 대한 기사도 자주 접할 수 있고 실제로 상괭이가 많이 알려졌다.

멸종을 시작한 우리에게

코로나 팬데믹으로 박물관이나 미술관이 운영을 멈추면서 일이 끊어졌다. '이러다 우리가 멸종하겠다'라는 농담으로 하루하루를 보내던 시절도 있었다. 생존을 위해 조형작업뿐만 아니라 원데이 클래스나 협업 작업도 하게 되었다. 그리고 3여 년의 시간 동안 항상 내일에 대한 고민을 하면서 보냈다. '이 일을 계속 할 수 있을까?' '내가 진정 하고 싶은 일은 뭘까?' 등등.

힘들어하는 주변의 작가들이 눈에 들어왔다. 하나둘씩 작업을 그만두고 떠나는 작가들도 생겼다. 조형작가들이 멸종위기 동물과 처지가 비슷해 보였다. 점점 더 사람들에게 관심이 가기 시작했다. 철저히 고립되어 홀로 생을 마감하는 청년들과 노인들. 아무도 돌아보지 않는 소외된 존재들이 있었다. 결국엔 인간도 동물이 아닌가. 언제나 그랬듯 나는 소외된 존재들에게 마음이 쓰였다. "넌 혼자가 아니야"라는 말을 해주고 싶었다.

이 글을 쓰던 2024년 봄, 한국의 출산율이 0.8, 0.7, 0.6대로 떨어지면서 "한국인 멸종위기"라는 표현이 온 기사를 장식했다. 멸종위기라니? 멸종위기라는 표현을 한국인에게 쓴다는 것이 낯설고 신기했다.

인간의 멸종도 동물의 멸종과 크게 다를 바 없었다. 인간 세상이 조금 더 복잡하긴 하겠지만 근본적인 원인은 비슷해 보였다. 왜 동물들이 사라져가는지를 들여다보면 왜 인구가 감소하는지가 보인다. 어떤 사람의 진짜 모습은 약자를 대하는 태도를 보면 알 수 있다고 한다. 나는 그 말에 동의하는 편이다.

우리 땅에서 살아가는 생명체 중 가장 연약한 존재는 바로 멸종위기의 소동물들일 것이다. 이 작은 존재들을 대하는 태도가 우리 사회의 민낯에 가까울 수 있다고 생각한다. 우리가 동물들의 서식지나 환경을 파괴해도 동물들은 저항하지 않는다. 아무 말이 없다. 단지 사라지는 것이 유일한 반응이다. 사라짐으로써 우리에게 메시지를 준다. 힘없고 소외된 존재들에게 말하고 싶다. 너희 잘못이 아니라고. 우리가 너희를 잊지 않겠다고.

2024년 10월
정의동

차례

추천의 글 · 4
들어가며 · 6

1. 사라져가는 동물들을 만듭니다

다시 좋아하는 걸 찾아보자 · 21
덕업일치 · 26
마지막 황새부부 · 31
금개구리를 찾아서 · 35
나의 데뷔작, 두꺼비 · 42
푸른바다거북은 파랗지 않다 · 48
나만의 작은 유토피아 · 52
완판남이 되다 · 54
조형작가의 작업실 · 58
사기와의 전쟁 · 64
첫 아트페어 · 68
팀 8792 · 72

2. 멸종동물 만들다가 우리가 멸종하겠다

한국인은 모르는 한국 공룡 · 79

스케일 업 · 83

당신은 무슨 색인가요? · 90

대멸종의 시기 · 97

기록은 기억을 남긴다 · 99

'날지 못해서'라는 착각 · 112

스티븐스 굴뚝새, 몽구스 그리고 뿔쇠오리의 공통점 · 119

하트시그널, 관심의 힘 · 126

그만둘까? · 134

살쾡이가 아니라 상괭이요 · 140

원 데이(ONE DAY) · 148

우리는 공존할 수 있을까 · 155

3. 멸종에서 살아남기

내면의 목소리 · 165

멸종의 시작점 · 170

귀여움이 세상을 구한다 · 174

고래의 천국 · 182

나쁜 일은 왜 한꺼번에 올까 · 188

작가와 예술가의 차이 · 195

100일간의 동굴 살이 · 202

개인전 'IDENTITY' · 212

함께 할 수 있는 일을 해보자 · 222

멸종위기의 한국인 · 233

왜 사라지면 안 되나요? · 242

1
사라져가는 동물들을 만듭니다

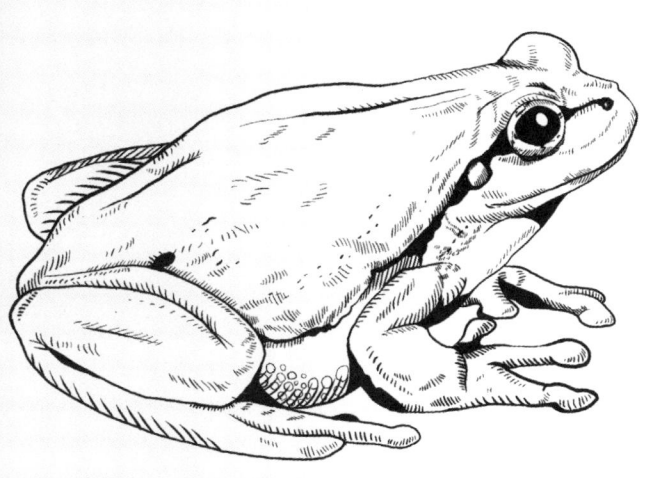

무언가에 대해 관심을 가지고
한 겹만 더 깊이 들여다보면,
거기서 나의 무지를 발견하거나 혹은
흥미롭고 새로운 세계가 펼쳐지기도 하는 것 같다.
대상을 깊숙하게 바라보는 것.
그곳에서 내 작업은 시작된다.

다시 좋아하는 걸 찾아보자

"우리 주변에서 사라져가는 동물들이 많은데, '최소한 이 동물들의 이름이라도 우리가 알아야 하지 않을까?' 하는 부분에 있어 내가 할 수 있는 일이 있다면 앞으로도 최선을 다해보려 합니다."
"컷, 좋습니다. 오늘 고생하셨어요. 작가님, 근데 이 일을 하시기 전에는 어떤 일을 하셨어요?"
"음, 저는⋯."

내가 가진 직업의 특수성 때문에 사람들을 만나면 많은 질문을 받는다. 항상 받는 질문들이 있다. 왜 이 일을 시작하게 되었는가? 전에는 어떤 일을 하였는가?

시작하게 된 계기에 대해서는 대답을 잘했었다. 하지만 이전에 무슨 일을 했었냐는 질문에는 답을 머뭇거리곤 했다. 스스로를 실패한 사람이라고 생각했기 때문이다. 또 그 긴 시간을 어떻게 정리하고 이야기해야 할지 그저 막막했다. 그래서 질문을 받을 때마다 난감했다.

조형작가가 되기 전 나는 다양한 일을 했다. 수많은 아르바이트와 크고 작은 회사들에서 사원 또는 팀장, 그리고 대표이기도 했다. 나의 청춘, 나의 20대는 그렇게 많은 일들로 쉴 틈 없이 흘러갔다.

나는 대학교에서 적응을 잘 하지 못했다. 강원도 동해시라는 지방 출신에 남중을 나와 고등학교도 3년 내내 남자 반에서 남자들끼리만 어울렸던 남학생에게 미대는 너무나도 가혹한 환경이었다. 같은 과에 남자가 3명이었다.

'집에 가고 싶어….'

입학식에서 하루 종일 했던 생각이다.

동기들과 친해지지 못한 채 도서관에서만 시간을 보냈다. 나만의 브랜드를 만들겠다는 꿈에 마음이 빼앗겨 본과 수업도 만족스럽지 못했다. 내가 듣고 싶었던 강의들을 찾아서 도강하기도 했다. 그 당시 동기들은 내가 학교에 아예 안 나온 줄 알았다고 한다. 아니다. 난 나름대로 열심히 학교에 나갔다.

  날이 더워지면서는 학교를 빠지는 날이 조금씩 잦아졌다. 고향에 내려가 아버지께 자퇴 이야기를 꺼냈다가 호되게 혼나고 도망치듯 서울로 올라왔다. 아르바이트를 하면서 앞으로 무엇을 해야 할지에 대해 고민하고 노트에 정리했다.

  내 브랜드를 만들기 위해 필요한 게 뭘까?

  며칠간 고민 끝에 결론을 내렸다. 목표에 다가가기 위해서는 돈이 필요하다. 그때부터는 정말 일만 했던 것 같다. 하지만 스무 살 고졸 청년이 회사에서 받을 수 있는 돈은 교통비와 식비 포함 95만 원의 월급이 전부였다. 군 입대 전까지 2천만 원을 모으는 게 목표였기에 더 많은 일을 했다. 퇴근 후에 미술학원 아르바이트를 하고, 출근 전엔 편의점에서 일을 했다. 쉬는 날에는 간간히 디자인 외주도 맡아서 작업했다. 주말에는 고깃집에서 불판을 닦았다.

입대가 다가오면서 회사를 그만두고 작은 동물원에서 펭귄 밥 주는 일도 했다. 이때 아르바이트란 아르바이트는 다 해본 것 같다. 입대 전 어떻게 2천만 원을 모으는 데 성공했다. 혹여나 빼앗길까 친구들은 물론 가족들에게도 비밀이었다. 군대에서도 입도 뻥긋 안 했다.

전역 후에는 패션디자인학원을 다녔다. 재봉틀은 제법 손에 잘 맞았다. 밤낮 없이 열심히 배워서 스물네 살에 작은 디자인 브랜드를 만들었다. 잠실의 쿰쿰한 반지하, 보증금 1,000에 월세 15만 원짜리 작은 작업실이 내 꿈의 시작이었다. 처음에는 제법 장사가 잘됐다. 내가 일 년을 힘들게 모은 돈이 일주일 만에 벌리기도 했다. 하지만 남들 생각 안 하고 내 고집만 부린 디자인들은 보기 좋게 악성재고로 돌아왔고, 남몰래 준비하던 가구 브랜드도 계약이 불발되면서 스물다섯 살의 나이에 빚만 몇 억이 생겨버렸다.

이자를 충당하기 위해 취직을 했다. 사업할 때 알게 된 지인의 소개로 나를 필요로 하는 큰 기업에 들어갈 수 있었다. 하지만 단체생활에 적응을 하지 못해 조금 더 작은 외국계 회사로, 더 작은 디자인 회사로, 그렇게 계속 보금자리를 옮겨 다녔다.

'이렇게 빚만 갚으며 사는 건 너무 재미없는 삶이야. 다시 좋아하는 걸 찾아보자.'

그 당시 이런 생각을 하면서 내가 가지고 있는 모든 취미들을 돌아봤다. 취미들로 돈을 벌며 살아가는 건 어떨까? 돈은 못 벌어도 되니 돈만으로 엮여 있는 이 반복적인 삶에서 벗어나고 싶었다. 얼마나 좋아하는지, 잘 할 수 있는지, 이 두 가지만을 생각했다. 그 고민의 결과가 동물조형 작가였다. 왜 동물조형 작가였는지는 다음 장에서 상세히 다루겠지만, 시간이 지나고 그때의 결정은 내 인생에서 가장 잘한 결정 중에 하나였다고 생각한다. 지금 이 일이 너무 재미있고 행복하다. 다음 생에서도 이 일을 했으면 좋겠다. 아, 물론 그때는 돈도 많았으면 한다. 허허.

덕업일치

어릴 적부터 작은 취미가 있었다. 매주 수요일 밤 10시 다큐멘터리 〈환경스페셜〉을 보는 것이었다. 초등학생 때부터 20대가 되어서 프로그램이 폐지되는 날까지 10년을 넘게 매주 수요일 밤을 기다렸다. 프로그램명에서 보이듯 환경이라는 주제에 부합한 모든 주제를 다루는 프로그램이었다. 다른 채널에서도 다큐멘터리들이 방영되었지만 타방송사의 다큐들은 방영 일정이 불규칙적이게 편성되어 있었다. 또 주제가 자연만을 다루는 것이 아니라 너무 다양했다. 나는 자연 다큐멘터리만 보는걸.

이 취미는 보는 것에서 끝나지 않았다. 시청 후 그 주제에 대해 공부를 했다. 예를 들어 이번 다큐멘터리 회차의 주제가 '황조롱이'였다고 하면, 인터넷 검색과 책들을 통해 황조롱이에 대해 공부했다. 어느 나라에 사는지, 우리나라에서 개체 수 보존이 잘 되어 있는지, 무엇을 먹고 사는지, 가까운 친척은 어떤 종이 있는지 등. 이렇게까지 했다 보니 다큐멘터리 시청을 취미라고 당당히 이야기할 수 있었던 것 같다.

취미가 다큐멘터리 시청만 있었던 건 아니다. 나는 흔히 사람들이 이야기하는 '취미 부자'다. 낚시와 캠핑, 식물 키우기 같은, 부모님과 같이 다니며 얻은 취미도 있고, 혼자 좋아서 시작해 지금도 꾸준히 하는 취미들도 있다. 오래된 취미로는 물 생활이 있다. 18년 동안 물고기들을 키웠다. 물고기를 키우면서도 정말 많은 공부를 했다. 이건 정의동이라는 종의 특성인 것 같다.

왜인지 모르겠지만 나이가 들면서 공부가 재미있다. 처음 2~3년간은 예쁜 열대어들을 모으는 '콜렉터'에 가까웠다면, 시간이 지나면서 내가 키우려는 종이 사는 나라와 서식지 환경, 같은 강에 사는 어종들이 궁금해졌다. 국내의 도감과 생태서적들을 모아 공부를 시작했고 책에 없는 자료들은 인터넷을 통해서 얻었다.

최대한 야생에서 살 때와 비슷한 환경을 만들어주려 노력했다. 그 물고기가 사는 지역의 환경과 비슷한 돌과 유목, 바닥재를 준비하여 사람이 보기에 예쁜 구도를 만든다. 같은 강에 서식하는 다른 물고기들을 넣어 그 강의 생태를 완성한다. 이렇게 어항을 야생 환경과 비슷하게 꾸미는 것을 비오톱 레이아웃Biotope Layout이라고 한다. 조형작업을 할 때 베이스를 만드는 작업을 하는데, 이때 취미생활을 하며 공부한 비오톱 레이아웃은 자연스러운 결과물을 만드는 데 도움이 된다.

물 생활을 하면서 블로그를 운영했다. 하루에 200~500명이 방문해주는 게 고마웠고 덩달아 포스팅이 즐거웠다. 하루는 블로그 이웃의 글을 읽게 되었다. 일본의 한 피규어 회사에서 발매한 작은 피규어 시리즈에 관한 글이었다. 일본의 토종 물고기 피라미'피규어였다. 당시에 우리나라의 토종 물고기에 관심이 많았을 때라 소장 욕구가 솟구쳤다. 다음날 바로 구매를 해버렸다. 그렇게 한 달이 지나자 내 책상과 어항 옆에는 50개가 넘는 동물 피규어들이 자리를 가득 채우고 있었다. 물고기부터 개구리, 고래와 사슴까지 다큐멘터리에 등장하는 모든 동물을 모을 기세였다. 자제할 필요가 있었다. 구입을 더 하기보다는 인터넷에서 사진을 보고 글을 읽으며 대리만족을 했다.

'이야 이거 정말 예쁘네. 이것도 예쁘네.'

그게 화근이었다. 지금까지 보지 못했던 높은 퀄리티의 무언가를 발견했다. 내가 수집하던 피규어들과 다르게 사이즈도 거대했고 가격도 10배 아니 100배는 거뜬하게 넘었다. 새로운 것에 대한 호기심은 그날 하루가 다 가도록 이어졌다. 정말 많은 글을 읽었다. 개인 작가라고 불리는 사람들이 중국과 일본, 대만 등지에서 활동을 한다는 사실, 그리고 특히 대만의 토착종을 만드는 작가 스킨크 하운트SKINK HAUNT의 발견은 나에게 큰 충격이었다.

'이건 장난감이 아니구나. 작품이구나.'

이런 직업을 가지고 살아가는 작가들이 존경스럽고 한편으로 부러웠다. 저렇게 살고 싶다는 생각을 가지고 취미삼아 지점토와 클레이로 조금씩 무언가를 만들어보았다. 조형에 관한 책을 샀다. 오랜만에 붓도 들었다. 기초 조형을 배우기 위해 학원에 등록했다. 작은 동물들을 하나씩 만들었다. 또 만들었다. 또 만들었다. 취미생활 1년, 회사도 그만두었다. 너무 재미있다는 생각 뿐. 내일은 무엇을 만들지, 앞으로 어떤 작가가 되고 싶은지.

스물여섯, 내 평생의 직업을 찾은 것 같았다. 그리고 다짐했다. 관심을 받지 못하는 우리나라의 동물들을 꾸준히 만들어 알리겠다고.

마지막 황새부부

텔레비전을 보던 아버지가 나를 불렀다.

"의동아, 이리 와봐라."

내가 어릴 적부터 동물을 좋아했던 것을 잘 아는 아버지는 텔레비전에 동물 관련 프로그램이 나오면 나를 불러 같이 보곤 했다. 오늘은 무슨 동물이 나올지 궁금해하며 화면 앞에 앉았다. 보통은 아프리카의 사자, 영양, 치타 또는 아마존의 재규어나 카이만과 같은 외국 동물들이 자주 나왔기에 그런 동물들이 나오겠거니 하고 생각하는 게 일반적이었다.

다큐멘터리가 시작되었다. 황새? 처음 들어보는 이름인데…, 우리나라에서 멸종된 어느 대형 조류의 이야기였다. 1971년 어느 시골에 둥지를 튼 황새부부는 한국에 남은 마지막 한 쌍이었다. '한국의 마지막 황새부부'로 신문기사가 나면서 황새부부는 스타가 되었다. 전 국민이 녀석들을 응원했다. 그러던 어느날 기사를 보고 불청객이 찾아왔다.

탕!

황새의 둥지 앞에서 울린 총성, 밀렵꾼의 엽총이었다. 수컷 황새가 바닥에 힘없이 떨어졌다. 이내 밀렵꾼은 잡혔다.

"두루미인 줄 알고 쐈습니다."

어린 나에게조차 터무니없는 변명으로 들리는 그 말에 분노가 치밀었다. 지금도 기억이 생생하다. 홀로 남은 암컷 황새는 매년 무정란을 낳아가며 외로이 둥지를 지켰다. 그리고 몇 년 뒤 암컷 황새마저 바닥에 쓰러진 채로 발견되었다. 검진 결과는 농약중독이었다. 7~80년대이니 친환경농법이라는 개념이 희미할 때였을 것이다.

동물원으로 옮겨진 암컷 황새는 새장 속에서 지내다 1994년 숨을 거두었다. 그나마 다행이라고 해야 할까? 죽은 암컷 황새는 박제되어 죽은 수컷 황새 옆에 전시가 되었다. 23년 만에 남편과 나란히 놓이게 되었다. 한 사람의 이기심이 부부를 갈라놓았고, 한국의 황새라는 종을 멸종시켰다. 저 크고 멋진 새를 앞으로 보지 못한다니….

그 이후 한동안 내 마음은 밀렵꾼에 대한 좋지 않은 감정으로 가득 차 있었다. 일기장과 스케치북에도 황새 이야기로 가득했다. '불쌍한 황새, 나쁜 밀렵꾼.' 나의 작은 취미, 자연 다큐멘터리 시청은 이 무렵부터 시작된 것이다. 우리나라의 동물들과 특히 멸종위기 동물들에 마음이 쓰이기 시작했다.

황새에 대한 이야기를 덧붙이자면 지금은 예천군에서 황새를 복원하고 있다. 정확하게는 '텃새 황새'를 복원 중이다. 수는 적지만 우리나라에서 겨울을 보내는 철새 황새도 존재한다. 2015년도부터 방생을 시작해 지금은 야생에서 번식도 조금씩 이루어지고 있다. 다행인 소식이다.

그날 아버지가 날 부르지 않았다면, 내가 황새 다큐멘터리를 보지 않았다면 내가 지금 이 일을 하고 있을까? 잘 모르겠다. 그 당시에는 그 사건이 내 인생에 어떤 의미를 지니게 될 줄 상상이나 할 수 있었을까. 다른 날과 다를 것 없었던 그 평범한 한 시간이 내 인생에서 굉장히 중요한 한 시간이었던 셈이다.

그래서 언젠가는 꼭 한번 황새를 만들고 싶다. 이 짧은 글을 통해 1971년 충북 음성에 둥지를 틀었던 금슬 좋은 젊은 황새부부를 다시 한 번 기억해본다.

금개구리를 찾아서

쉴 틈 없이 습작을 만들던 2017년도 여름, 매일 쌓여가는 습작들을 보며 내가 정말 완성작이라고 말할 수 있는, 작업다운 작업을 하고 싶다는 생각이 들었다.

'그래, 내 조형작가 생활의 첫 작품을 만들어보자!'

이번 작업은 단순한 연습작이 아니었기에 작품의 주제를 정하는 것부터 평소와 다른 무게감으로 다가왔다. 무엇을 위해 이 생활을 시작했는지, 어떤 작업이 더 의미가 있을지 하나하나 따져본다. 사람들이 보호종인지 잘 모르고 있는, 주변에 살고 있지만 관심의 울타리 바깥에 놓인 그런 소동물이 작품의 주제가 되어야 한다고 생각했다. 수많은 작은 동물들을 찾아보고 비교하면서 후보군을 추렸다. 남생이, 수원청개구리, 금개구리로 좁혀졌다.

'남생이는 아직 내가 스킬이 부족해….'
'수원청개구리는 자료가 많이 부족해….'

그렇다면 남은 건 금개구리.
자료들을 모으기 시작했다. 사람들이 잘 모르는 사실이 있다. 생각보다 현생 동물들의 자료는 구하기 힘들다. 오히려 멸종된 공룡들이 더 많은 연구가 되어 있다. 개구리 같은 소동물들은 더더욱 자료가 희박하다. 네이버와 구글에서 열심히 뒤져 사진과 논문을 모아본다. 녀석의 생태와 크기 생김새들을 공부한다.

'아, 자료가 부족한데.'

작업대에 놓인 카메라를 들고 집을 나섰다. '자료가 없으면 내가 만들면 되지'라는 생각으로 무작정 나와서 네

비게이션에 목적지를 입력한다.

당진. 금개구리가 많이 서식한다는 지역이다. 당진 어디서나 쉽게 금개구리를 만날 수 있다는 댓글 하나에 의지해 시동을 걸었다. 무작정 당진에 도착했으나 어디로 가야할지 막막하다. 무작정 논을 찾아다녔다. 길모퉁이에 차를 두고 장화를 신었다. 자신만만한 발걸음. 그 발걸음은 해가 질 무렵이 되자 초초한 발걸음으로 바뀌었다. 너무 만만하게 생각한 걸까. 순간 금개구리가 '멸종위기 야생 생물 2급'이라는 사실을 잊었던 것 같다. 의욕만 앞서면 어떻게 되는지 다시 한 번 느꼈다. 주변의 허름한 모텔에 들어갔다.

"방에 컴퓨터 있나요?"
"컴퓨터 있는 방은 5만 원."
'만 원이나 더 비싸다니!!'

뭐 별 수 있겠는가. 더 많은 검색이 필요했다. 내일은 꼭 금개구리를 찾아야만 한다. 하루를 더 보낼 수는 없다. 이때는 수입이 0일 때라 5만 원은 정말 큰돈이었다.

하루를 더 허투루 보내면 파산이다.

  편의점으로 포장된 구멍가게가 보여 들어갔다. 오늘 저녁은 육개장 사발면. 라면을 먹으며 열심히 검색을 해본다. 금개구리의 생태, 서식지. 아니야, 이런 건 큰 도움이 되지 못했다. 실제로 금개구리를 본 사람들이 어디서 어떻게 보았는지가 궁금했다. 운 좋게 한국의 양서파충류들을 사진으로 기록하는 한 카페를 발견했다. 내일은 녀석들을 만날 수 있겠다는 생각이 들었다. 사진들의 기록과 사진에 나온 주변 사진들을 대조하며 그날 밤을 보냈다.

  다음날 아침이 밝았다. 기분 좋게 하룻밤을 같이한 허름한 모텔을 나섰다. 김밥을 한 줄 사들고 논이 많은 지역들을 둘러보았다. 햇살이 강할 때는 개구리들이 활동을 많이 하지 않기에, 차를 타고 다니며 금개구리가 있을 만한 위치를 지도에 표시해둔다.

  오후 4시. 뜨거웠던 해가 따뜻하게 느껴질 무렵, 지도에 체크해둔 장소들을 하나씩 찾아가 주변을 걸어본다. 세상에, 운이 좋게도 첫 장소에서 어린 금개구리를 보았다. 금가루를 뿌린 듯 반짝이는 등에는 동글동글한 돌기가 솟아 있다. 얼마나 반갑던지, 녀석이 놀라지 않게 목에 걸린 카메라로 사진을 찍어본다. 멀리 있는 개구리를 찍기란 생각보다 쉽지 않았다. 다가가면 멀어지고 다가가면 멀어지는 걸 반복하다 포기하고 다른 녀석을 찾으러 간다. 그 뒤로 몇 마리를 더 찾았지만 같은 상황이 반복되었다. 결국 해가 지고, 겨우 점 같이 나온 개구리 사진을 들고 집으로 돌아왔다.

'그래도 직접 보았으니까, 진귀한 경험이 되었다고 좋게 생각하자.'

실패한 사진들을 보며 아쉬워하던 중 금개구리를 연구하는 어떤 사람에게 연락이 왔다. 전에 카페에 금개구리 사진을 가지고 있는 사람을 찾는다는 글을 보고 연락을 준 것이었다. 이런 행운이!

30여 장의 고화질 금개구리 사진들을 보며 조형을 시작했다. 작업 기간 내내 직접 금개구리를 만났을 때의 설렘을 떠올렸다. 다음에는 더 가까이서 볼 수 있는 날이 오기를 기대하면서 부푼 마음으로 작업을 마무리했다. 직접 색감을 보아서인지, 사진으로 표현이 안 되었던 피부 색감을 떠올리면서 색칠 마무리를 할 수 있었다. 항상 그럴 수는 없겠지만 종종 내가 만들기로 한 동물을 직접 찾아 떠나는 건 의미 있는 행동인 것 같다. 금개구리 탐사는 나에게 즐거움과 설렘을 안겨준 여행이었다.

바쁘다는 핑계로 탐사를 안 나간 지 몇 년이 되었다. 글을 적다 보니 금개구리를 만났을 때 그 순간의 설렘이 되살아난다. 우리 주변에는 참 다양한 소동물들이 살고 있다. 이 작은 친구들을 만나러 여행을 떠나보는 것도 좋은 추억이 될 거라 장담한다. 아, 장담은 취소….

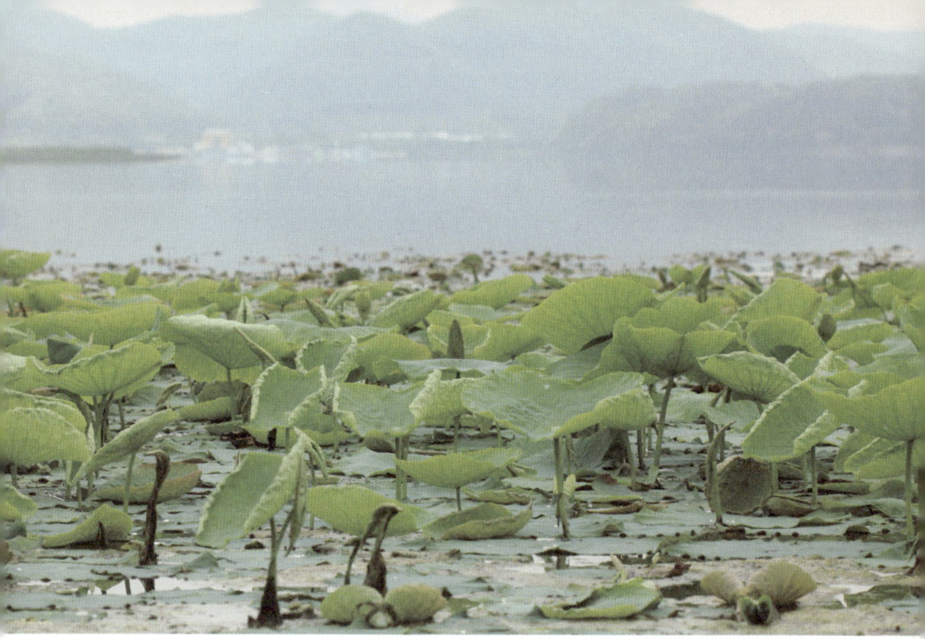

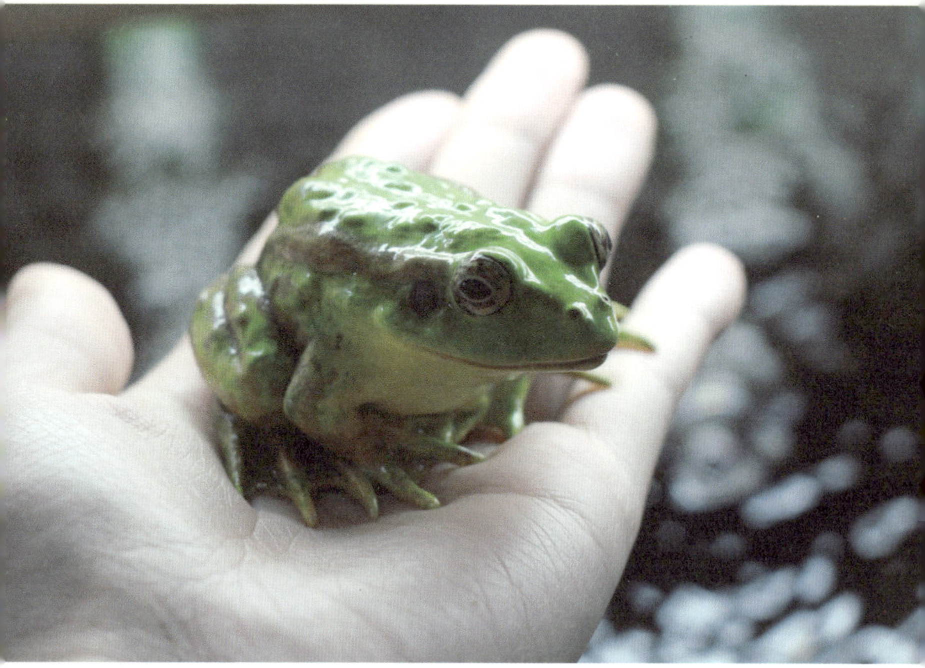

나의 데뷔작, 두꺼비

 예술시장과 커뮤니티에서 작가로 불리기 위해서는 전시를 통해 작품을 대중에게 선보여야 한다. 2017년과 2018년은 작가라는 타이틀을 따기 위한 한 해였다. 운이 좋게도 2017년에 습작 '금개구리'를 한 박물관에 전시할 기회를 얻어 대중들에게 공개하게 되었지만, 좀 더 제대로 준비한 데뷔작과 그 작품을 전시할 전시회가 필요했다.

 내 작품 활동은 대만의 스킨크 작가에게 많은 영향을 받았다. 스킨크 작가는 자국(대만)의 동물들을 꾸준하게 만들어 판매한다. 대상 동물을 공부하고 또 그걸 자국 팬들과 해외 팬들에게 알리는 모습이 멋져 보였다. 조형 하나하나 애정을 담아 제작하는 게 느껴졌기에 나 역시 더욱더 그런 모습의 작가가 되는 것을 목표로 일을 해왔다.

 자, 그렇다면 내 데뷔작의 주인공이 될 동물은 어떻게 선정해야 할까? 네 가지 조건을 선정했다.

한국의 동물인가?
완성 모습이 실물처럼 보일 수 있는가?
크기가 작은가?
사람들의 관심이 적은가?

 이 조건들에 부합하는 동물을 몇 종 추리고 다시 비교를 했다. 최종 후보는 3종이었다. 두꺼비, 도롱뇽, 표범장지뱀. 아무래도 크기가 제일 크고 이름도 친숙한 두꺼비가 좋겠지. 실제로 유토(기름점토)로 실루엣을 만들었을 때 임팩트가 가장 강했던 게 두꺼비였다.

 대상을 정하고 한동안은 컴퓨터로 검색만 했다. 국내의 두꺼비 사진들, 서식환경과 번식지, 성장과정, 해외의 두꺼비 생태 등 많은 논문과 전문가들의 글을 읽으며 시간을 보냈다. 이 과정에서 새삼 느끼는 게 많다. 내가 잘 안다고 생각했던 동물들도 공부를 하다 보면 몰랐던 부분들이 많고, 의외로 살아 있는 동물에 대해 연구와 기록이 잘 되어 있지 않다는 사실도 알 수 있다. 오히려 죽은 지 몇 억 년, 몇 천만 년이 된 공룡들이 더 연구가 많이 되어 있다는 생각도 든다.

두꺼비는 다른 개구리들과 다르게 고막 위에도 돌기가 있어 눈에 띄지 않는다. 덕분에 고막을 따로 조형하지 않아도 되었다. 또 다른 재미있는 사실은 우리나라에 두꺼비라 불리는 종이 두 종이 있다는 것이다. 흔히 두꺼비로 알려진 일반적인 두꺼비가 있고 그 보다 훨씬 작고 맑은 계곡에 서식하는 '물두꺼비'가 있다. 약 4~5센티미터 크기의 이 귀여운 두꺼비들은 일반적인 두꺼비와 다르게 작고 귀엽다. 색도 다양해서 계곡에서 만나면 참 반가운 녀석들이다.

자료들을 모으고 작업을 시작했다. 스컬피라는 점토를 이용해 대략적인 형태와 동세를 잡는다. 작업의 흐름이 끊기는 걸 싫어해서 대략적인 모양이 잡히기 전까지는 작업대에서 엉덩이를 떼지 않는다. 한번씩 화장실을 다녀오면 등짝에 고양이 발바닥이 찍혀 있거나 책상 위가 아닌 바닥에 있는 경우도 있다. 엉덩이를 떼면 안 된다.

나는 고양이들로부터 두꺼비를 지켜야 했다.

 4일 만에 두꺼비 원형이 완성됐다. 원형을 수지로 복제하면 이제 색칠 준비 완료. 지나고 보니 이때 내 자신이 얼마나 자신감이 넘쳤는지 알 수 있다. 지금도 원형작업이 최소 2주가 걸리는데, 이제 갓 1년 넘게 작업대에 앉은 풋내기가 4일 만에 원형을 완성하다니…. 보는 시선에 따라 형태를 수정하고 어색한 움직임이 없는지 확인 자체를 안 했다는 뜻이기도 하다. 참 어렸고 어쩌면 그래서 패기가 넘쳤던 시절이다.

 아크릴 물감이 한 겹, 두 겹, 세 겹 칠해지면서 하얀색의 수지 덩어리는 점점 두꺼비에 가까운 모습으로 변해간다. 이때 실수로 붓 자국이 남은 부분이 몇 개 생겼는데, 오히려 이 표현이 좋아서 다른 부분의 마감도 거칠게 표현했다. 이 방법은 지금도 종종 사용한다. 리얼리티를 추구하는 작가로서 나만의 작은 발자취를 남기는 느낌. 그게 좋다.

 모형연합전이 있는 날, 많은 작가들이 고양시 아람누리미술관에 모였다. 작은 테이블에 올라간 두꺼비들과 개구리들. 몇 점 안되는 작품을 모아 참여한 단체전이었지만 굉장히 재밌게 또 설레면서 준비했던 나의 첫 전시회였다. 지금도 그날, 하늘에 그려진 구름의 발자국이 머릿속에 선명하다. 좋았던 기억이다.

푸른바다거북은 파랗지 않다

 나는 종종 작업을 하지 않을 때도 동물에 대해 공부를 한다. 생태에 대한 공부일 때도, 형태에 대한 공부일 때도 있다. 우연히 본 사진이 너무 아름다워서 그 종에 대해 공부를 하는 경우도 있지만 보통은 매체에 소개된 안타까운 사연을 보고 그와 관련된 동물들을 찾아보는 경우가 많다. 연민의 감정이 동물에 대한 관심을 증폭시킨다.
 신문기사를 보았다. 2007년 이후 중문해수욕장에서 더 이상 바다거북의 산란흔적이 보이지 않는다는. 한참 습작을 만들던 시절 바다거북은 나에게 좋은 모델이 되어주기도 했기에 쓸쓸하게 밀려오는 속상함을 감출 수 없었다. 우리나라는 온대성 기후로 바다거북이 번식하고 서식하기 좋은 환경은 아니다. 그럼에도 불구하고 제주와 남해안 일대에 걸쳐 번식 기록들이 있고, 모래사장에서의 목격담도 바다거북의 산란철인 6월 즈음에 몰려 있는 것을 보면 우리나라에서도 꾸준하게 산란이 이루어졌던 것으로 보인다.

바다거북은 연어와 같이 태어난 곳으로 돌아와 산란을 한다. 우리나라에서 번식하던 어미 바다거북들이 사라져서일까? 번식지가 더 이상 번식지의 역할을 못해서일까? 많은 의문이 들지만 연구자료가 부족해 나의 궁금증을 완전히 해소하지는 못했다. 그래도 이것저것 많은 글을 읽어보며 몇 가지 재밌는 사실을 알게 되었다.

푸른바다거북을 아는가. 이름만 듣고 이 녀석의 생김새를 상상해보자. 대부분 푸른빛의 바다거북을 상상했을 것이다. 당연한 일이다. 다른 바다거북들은 어떨까? 붉은바다거북은 말 그대로 몸이 전체적으로 붉어서 지어진 이름이다. 올리브바다거북도 몸 전체에서 올리브 빛이 난다. 푸른바다거북은 푸른 빛을 띠어서 그렇겠지 라고 생각하면 오산이다. 사진을 보면 푸른색이 아님을 알 수 있다. 영어로는 그린 터틀Green Turtle이니까 초록색이 나는가 보다 생각할 수 있지만 실제로 보면 또 그런 느낌도 아니다.

푸른바다거북은 몸 안이 푸른색이어서 붙여진 이름이다. 정확하게는 지방층이 푸른색을 띤다. 동물에 관심이 많은 나 또한 이때 이 사실을 처음 알게 되었다. 공부를 하면 할수록 재미있는 것들이 많다. 나라면 이 아이에게 어떤 이름을 붙였을까? 이름을 지은 사람의 고충을 상상해 보기도 한다.

'특징이 없는데 이름을 뭐라고 하지?'
'다른 바다거북들이 색깔로 이름이 구분되어 있으니까 이름에 색 이름이 들어가면 좋을 텐데. 지방층이 푸른색이니까 그냥 푸른바다거북이라고 하자.'

상상의 나래를 펼쳐본다.

삶에서도 이런 일이 얼마나 많을까? 사람에 대해서도, 사건에 대해서도. 자세히 알아보기 전에 '그래서 그런가 보다' 혹은 '이럴 거야' 하고 지레짐작하는 데서 그쳐 잘못된 정보가 퍼지거나 오해가 쌓이는 것 말이다.

무언가에 대해 관심을 가지고 한 겹만 더 깊이 들여다

보면, 거기서 나의 무지를 발견하거나 혹은 흥미롭고 새로운 세계가 펼쳐지기도 하는 것 같다. 대상을 깊숙하게 바라보는 것. 그곳에서 내 작업은 시작된다.

나만의 작은 유토피아

 성공한 작가들은 스트레스를 받거나 작업이 잘 안 풀릴 때 찾는 자기만의 장소가 있다. 많은 작가들과 작가 지망생들에게 그런 공간은 로망이다. 마음의 안식처가 되어주는 공간이 필요한 것 같다. 다행히 나는 작가 생활 전부터 즐겨 찾던 장소가 있다.
 나만의 장소는 아니지만, 사람이 없고 한적해 평일에 자주 들린다. 커다란 플라타너스 나무가 솟아 있고 잎 사이사이로 햇살이 비친다. 잔디밭에 자리를 잡고 앉아 호수를 바라본다. 축 늘어진 버들 사이로 갈대밭이 펼쳐져 있다. 그곳을 뛰노는 작은 새들의 움직임과 소리는 이곳이 얼마나 평화로운 곳인지 느끼게 해준다.

이 따뜻한 느낌들이 모여 나에게 안정감을 준다. 언젠가 부부가 되어 또 아빠가 되어 가족들과 이곳에 함께 올 수 있기를.

완판남이 되다

오랜만에 아침 일찍 잠에서 깼다. 이렇게 개운한 기분으로 눈이 딱 하고 떠지는 날은 항상 운수가 좋았기에 두근거림을 안고 물 한 잔을 들이켰다. 방으로 돌아가 컴퓨터를 켜고 블로그 쪽지와 댓글을 확인한다. 뭔가 좋은 일이 생길 것 같더라니 며칠 전부터 예약을 받기 시작한 청개구리 모형이 어젯밤 사이 50개가 넘게 주문이 들어왔다. 제법 큰 금액이 한 번에 통장에 들어왔다. 기분 좋게 전화를 건다.

"엄마, 오늘 저녁 밖에서 먹자."

수입이 불규칙적이라 돈을 아끼는 습관이 있는데, 이 당시에는 한 달 수입이 0원인 적도 많았고 주변 사람들에게 베풀지 못하는 것에 대한 미안함이 항상 있었다. 이렇게 한번씩 통장에 돈 냄새가 나는 날이면 가족들과 친구들과 시간을 보내곤 했다.

기분 좋은 하루를 보내고, 본격적으로 작업에 들어갔다. 만들어둔 실리콘 틀에 레진을 부어 복제를 시작했다. 하나를 복제하는 데 걸리는 시간은 약 5분. 앞으로 더 팔릴 걸 예상해서 총 100개의 개구리를 찍어냈다. 나열된 개구리들을 보니 막막함이 앞섰다. 몇 번의 작업을 통해 '완판'이라는 타이틀을 얻은 적 있었지만 고작 10개에서 20개 정도의 적은 수로 얻은 것이었다. 이번엔 달랐다. 이렇게 많은 수량을 한번에 작업해본 적이 없었다.

한 마리, 한 마리씩 부지런하게 칠해갔다. 한번에 작업을 끝낼 자신이 없어 20마리씩 끊어 작업을 진행했다. 유화를 한 겹 칠하고 보온고에 넣어 말린다. 색을 칠하고 또 칠했다.

'아, 하기 싫어.'

나도 모르게 입 밖으로 새어나왔다. 사람은 참 간사한 동물이다. 어제 하루는 너무 행복했지만 고작 하루 만에 힘들다며 하기 싫다고 느껴버리는 나 자신에 혼자서 한참을 웃었다. 1차 발송을 끝냈다. 3일 뒤 두 번째 주문 폭탄이 도착했다.

모형을 받은 구매자들의 후기 글이 여기저기 올라오면서 홍보가 된 듯하다. 청개구리는 발매 20일 만에 200개가 완판이 되었다. 청개구리가 완판 되면서 청개구리를 구입하지 못한 사람들이 다른 모형들을 구매를 하거나 청개구리에 만족한 사람들이 내 모형들을 재구매해준 덕분에 한 달 동안 총 260여 개의 모형을 판매했다.

이 대기록은 아직까지 깨진 적도 없고 또 깨져서도 안 될 숫자다. 다시는 이 고된 반복 노동을 하고 싶지 않다. 내가 모형을 발매하더라도 완성품 개수는 20개 이하로 잡아두는 이유이다. 그 이상을 칠할 자신이 없다. 이렇게 힘들다는 말을 입에 달고 사는 나지만 사실 이 청개구리 완판 전까지 작가 생활은 정말 힘들었다. 자려고 누워

눈을 감으면 작품에 대한 악담과 판매실적에 대한 스트레스 그리고 2천 원 남은 통장이 아른거렸다. 판매 개수와 좋은 후기들은 내가 하는 일에 대해 자신감을 심어주었고 판매 수익은 내가 사랑하는 사람들에게 밥을 살 수 있는 행복을 주었다. 이 무렵의 내 삶의 불안감을 떨치게 해주신 구매자들에게 꼭 전하고 싶은 말이 있다.

"정말 감사합니다. 여러분 덕분에 저는 지금도 제 꿈을 향해 걸어가고 있습니다."

조형작가의 작업실

그림자가 길어지는 시간, 낡은 책상 위에 개구리가 한 마리씩 쌓여간다.

몸이 녹색으로 물들고 그 위에 갈색 줄무늬가 덮힌다. 얇은 물감이 한 겹씩 쌓이고 쌓여 제법 리얼한 개구리로 완성되어 간다. 개구리로 가득 찬 이 공간은 내 작업실이다. 책상에 앉아 개구리를 칠하고 있는 나는 작가다. 멸종위기 동물을 만드는 조형작가.

얼마 전에 발매한 청개구리 모형이 많은 주문이 들어왔다. 마치 생산 공장에서처럼 단순 반복 작업의 연속이다. 실리콘 틀에서 복제한 개구리를 꺼낸다. 같은 행동을 50번 반복한다. 배에 푸른색을 칠한다. 50번 반복한다.

그 위에 옅은 연두색을 칠한다. 역시 50번 반복한다. 이 외에 다 설명할 수 없는 수많은 과정을 50번 반복한다.

  벌써 한 달째 작업이 진행 중이다. 작품을 만들어 판매하는 나 같은 작가들에게 작품의 판매는 굉장히 신나는 일이다. 하지만 이번에 확실하게 느꼈다. 나는 단순반복 작업과는 맞지 않는 사람이라는 것을. 작업에 지쳐 잠시 숨을 고른다. 이런 일이 반복되는 것이 일상이 되면서 작업실의 구조를 조금 바꾸었다. 아니, 바꾸어야만 했다. 그렇지 않으면 당장이라도 일을 멈추고 뛰쳐나갈 것 같았다.

'후우,'

숨을 크게 쉬고 주변을 느끼려 노력해본다.

  무릎 위에서 자고 있는 우리 집 고양이와 그 위로 늘어진 붉은 햇살의 온기, 방 한 켠 작은 어항 속의 분주한 물고기들, 산들바람에 흔들리는 화분의 작은 잎사귀. 이 작은 요소 하나하나가 모여 내 공간을 머물고 싶은 공간으로 만든다. 가끔 작업 책상에 올라와서 작업을 방해하기도 한다. 내 작업실에 들린 사람들은 놀라곤 한다.

"고양이가 있네요? 물고기도 있네?"

작업실이라는 공간에 살아 있는 동물을 두는 사람은 많지 않다. 작업실에 매일 가지 않아 관리가 힘들기도 하고, 작업에 방해가 된다고 느끼는 사람들도 있다. 나는 동식물과 작업실을 공유하는 특별한 이유가 있다. 작업을 하다 보면 시간이 빠르게 지나간다. 중천에 떠 있던 해가 어느새 기울어 어두워져 있기도 하고, 분명 별이 가득했는데 동이 터있기도 한다.

집중하는 시간이 길어지면 길어질수록 작업의 속도는 빨라진다. 이렇게 집중하면 5~6시간 많게는 7~8시간을 한자리에 앉아서 작업을 한다. 처음엔 이렇게 집중하는 것이 좋았다. 하지만 점점 피로도가 누적되자 몸살감기가 오거나 입안에 염증이 났다. 내 작업 방식이 장기적으로는 건강에 좋지 않은 방법임을 느끼기 시작했다.

작업실 책상 위에 작은 어항을 하나 두었다. 어항 속에는 눈에 잘 띄는 빨간 물고기와 새우도 살고 있다. 창가에는 작은 화분을 두었다. 바람이 솔솔 불 때마다 잎이 흔들리는 걸 보면 기분이 좋아진다. 작업방의 문을 열어 두었다. 열린 문으로 귀여운 고양이 두 마리가 들락거린다. 내 무릎에 앉기도 하고 책상에 올라와 관심을 끌기도 한다. 뭔가가 살아 움직이니 전처럼 긴 시간 집중하기가 어렵다.

작업을 하다 말고 어항을 들여다보기도 하고 고양이들과 놀아주기도, 화분에 물을 안 준 것이 생각이 나서 물을 주기도 했다. 별거 아닌 것 같은 짧은 시간들이 한 번씩 작업의 흐름을 끊어주면 이참에 밖에 나가 사람을 만나거나 요리를 하기도 한다. 밤을 지새우는 날이 줄어드니 몸이 자주 아프던 것도 사라졌다.

사람들은 일에 더 집중하기 위해 책상이나 사무실에서 방해가 될 만한 것들을 치우곤 한다. 나도 그랬다. 하지만 막상 이렇게 살아보니 생물들은 방해가 되는 존재가 아니라 온기를 나누는 가족과도 같았다. 물고기들 밥을 주고 창문을 통해 불어오는 바람에 흔들리는 풀잎을 보는 이런 여유. 이 정도의 여유는 좀 즐겨도 되지 않을까? 지금 내 책상 옆에서는 작은 검정꽃무지들이 젤리를 먹고 있다. 오늘도

나는 이만큼의 여유를 즐기며 산다.

'정신 차리고 열심히 해보자!'

짧은 다짐을 하면서 오늘 하루도 열심히 달려본다.

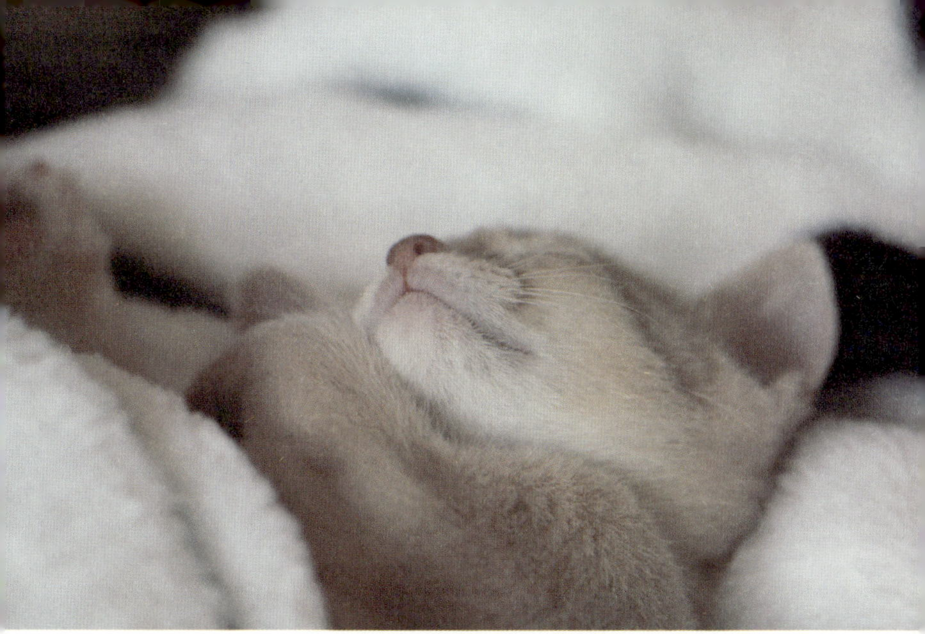

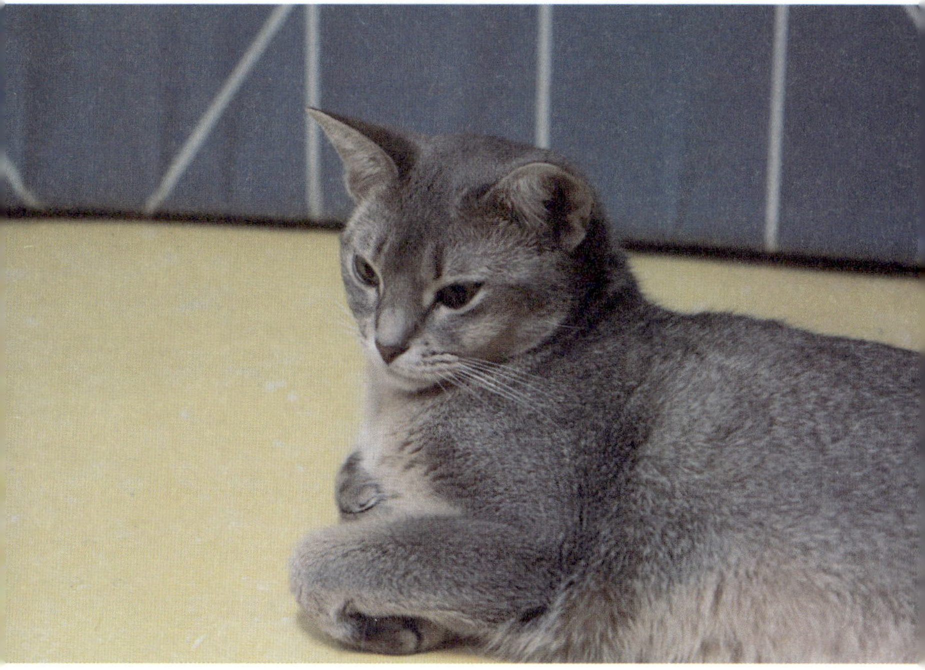

사기와의 전쟁

열심히 개구리를 칠하고 있던 어느 날 중국에서 연락이 한 통 왔다.

"당신의 작품을 잘 보고 있습니다. 중국에서도 당신의 개구리를 원하는 사람이 많습니다. 저와 함께 중국에서 모형을 판매해보시죠."

중국의 동물모형 시장은 한국과 비교하면 정말 규모가 크기에 좋은 기회라고 생각했다. 내가 무엇을 해주면 되는지 물어보았다. 세상이 좋아졌다. 본 적도 없는 외국인에게 소셜미디어를 통해 연락이 오다니. 게다가 번역기가 말을 정확하게 번역해준다. 나는 한국어로 답장을 쓰고 '번역하기'를 클릭한 다음 외국어로 답장을 한다. 이렇게 간편하게 글로벌 사업을 할 수 있는 멋진 시대!

감격에 겨운 와중 그가 계약서를 보내주었다. 파코뿔개구리, 참개구리 모형의 원형에 대하여 2년간 중국에서 내 작품 판매의 독점권을 달라는 내용이었다. 중국과 일본에서도 내 작품을 선보이고 싶다는 욕심이 앞서 냉큼 계약서에 서명을 했다. 남자답게, 시원하게.

어느새 낙엽이 지고 눈꽃이 필 무렵이 돼서 다시 연락이 왔다. 내 개구리의 발매 소식이었다. 참 오래도 기다렸다. 판매될 모형의 상태가 썩 내키지는 않았지만 양산품이라 생각하고 좋게 넘어갔다. 곧 홍보와 판매가 시작된다는 달디 단 말에 그만 홀려버렸다. 다시 시간이 지났다. 그동안 산수유 꽃이 지고 매화가 졌다. 또 목련이 지고 개나리가 졌다. 진달래가 지고 벚꽃이 졌다.

오랜만에 연락이 왔다.

"네 개구리의 판매가 미루어졌어. 미안하다. 이번 여름 행사 때 열심히 팔아볼게."

"그래, 잘 부탁해."

내가 할 말이 뭐가 더 있겠는가. 그냥 기다려야지.

돌이켜보니 전에도 중국과 연관된 일이 하나 있었다. 한국의 삵을 만들어달라는 의뢰였다. 겨울 수컷의 모습으로 심혈을 기울여 제작해 원형을 보냈다. 고맙다거나 잘 도착했다는 연락을 받지는 못했지만 '잘 받았겠지' 하고 일상을 보내고 있었다.

나중에 중국의 모형 판매 커뮤니티에서 내 삵의 복제본이 판매되고 있는 걸 지인을 통해 알게 되었다. 그런 일을 처음 겪어보는 그 당시에는 제법 충격이 컸다. 이번에도 비슷한 일이 생기는 건 아닐까? 뒤늦게 걱정이 되기 시작했다.

결론적으로 다행히 불법복제본이 돌아다닌다는 얘기는 못 들었다. 하지만 그 중국인으로부터 어떤 연락도 받지 못했다. 그 일이 있고 2년쯤 지났다. 지인의 도움으로 행사에 나가서 그 중국인에게 개구리 판매에 대한 값을 요구했는데, 30만 원 정도의 돈이 들어왔다. 최근에 결혼을 해서 돈이 없다나? 처음 연락할 때는 자기도 조선인의 피가 흐른다며 가족이라더니, 이런 나쁜….
 나에게 사기를 치려고 한 사람들 이야기만 해도 책 한 권의 분량이 나올 거다.

첫 아트페어

작가 활동을 이어가면서 꾸준히 작은 전시들을 열어 나갔다. 그러던 어느날 연락 한 통을 받았다.

"호텔 아트페어요?"

참여 제의였다. 보통의 페어는 작가가 전시부스 비용을 내고 참여하는 구조인데 무료 참여라는 말에 솔깃해졌다. 단독 섭외가 아니었기에 다른 작가들과 공동으로 전시를 해야 했지만, 작은 모형을 만드는 나로서는 다른 분야의 작가들을 만날 수 있음과 동시에 크고 작은 다양한 갤러리 관계자들에게 내 작품을 선보일 수 있는 기회라고 생각했다. 당시 가로·세로 7.5센티미터 정도의 작은 좌대 위에 개구리를 올린 시리즈를 제작하고 있었다. 그 녀석들을 중심으로 작업물들을 모아 출품했다.

  페어 시작 하루 전, 호텔은 많은 사람들로 발 디딜 틈이 없었다. 커다란 회화작품들과 조형작품들이 호텔 방 이곳저곳에 자리를 잡고 있었다. 내 품에 안긴 작은 조형물들이 보잘것없어 보였다. 이 분야에 대해 잘 모르는 비전공자 작가에게 이런 아트페어는 정말 값진 경험이었다.

  호텔 아트페어는 일반적인 아트페어와 다르게 호텔 방 하나하나에 각기 다른 작가의 작품이 전시되는 독특한 콘셉트의 페어다. 나도 내가 배정받은 방으로 갔다. 방에는 먼저 도착한 작가들이 있었다. 내 작품과 어울리는 자리를 찾기 위해 이곳저곳에 개구리들을 올려보았다. 햇빛을 받았을 때 가장 예쁘다고 생각해, 해가 잘 드는 창가에 전시를 해두었다.

  다음 날부터 페어가 시작되었다. 나는 전시장에 나가지 않다가 2일차에 잠시 방에 들렀다. 방으로 가는 길에 사람들이 정말 많은 것을 보고 마음이 들떴다. 아트페어를 진행하는 모든 층이 인산인해를 이룬 것을 보고 적잖

이 놀랐다.

  방에 도착했다. 우리 방에는 작품을 지키는 담당자와 다른 작가 두 명이 전부였다. 이렇게 사람들이 많은데, 우리 방은 왜 휑한 거지? 잠시 머물다가 떠날 생각이었지만 현장을 보면서 어떤 부분이 문제인지 파악하고 싶어졌다. 잠시 후 사람들이 들어왔다. 앞방에서 천만 원대의 그림을 구입한 사람들이었다.

"이건 뭐야?"
"개구리 장난감이네~ 너 손주 하나 사줘라."
"아니야 아니야. 너무 비싸."
"장난감이 뭐가 이렇게 비싸."

  그 당시 내 작품의 판매가는 12만 원. 약 2주간 손 조형을 하고 원형을 만든 뒤, 원형을 복제해 5일 동안 칠하고 말리고를 반복하면서 완성한 개구리였다. 장난감이라니…. 비싸다고 느낄 수 있지만 작품에 몇 천만 원을 기꺼이 쓸 수 있는 애호가들의 입에서 나온 말이라 조금 충격을 받았다. 일반적으로 모형을 만드는 작가들이 예술계에서 자리를 잡기가 어려운 걸 모르는 바는 아니었다. 그래도 작가로서 출품한 작품들이 아이 장난감 정도로 보이는 것에 크게 실망하게 되었고, 내 작업물에 대한 자신감이 많이 떨어졌다. 단순히 내 실력이 는다고 해결될 일로 보이지 않았기에 생각이 깊어졌다.

마지막 날, 전시되었던 모형들을 정리하면서 '아트페어는 내가 하는 작업과 맞지 않는다'라는 결론을 안고 떠났다. 지금 돌아보면 으레 겪어야 할 과정이었다고 생각한다. 하지만 여린 마음에 이때 제법 깊은 상처를 받았던 것 같다. 혼자서 공부하고 혼자서 작품 활동을 하던 나에게 온 첫 시련은 유난히도 쓰라렸다.

후에 내가 다시 갤러리에서 전시를 하고 아트페어에 나가기까지는 5년이라는 세월이 걸렸다. 지금도 전시를 하면 그 당시의 시선과 크게 다르진 않다. 하지만 상처는 아물었고 그 위에 굳은살이 생겼다. 감사하게 좋은 예술 작품으로 봐주는 사람들도 많이 생겼다. 그 덕분에 이제는 보다 의연하게 받아들일 수 있게 되었다.

팀 8792

블로그 이웃으로 알고 지내던 김진겸 작가의 3D 모델링 강의 소식을 접했다. 예전부터 꼭 듣고 싶었던 강의였기에 오픈 소식을 듣자마자 바로 연락을 했다. 다행히 자리가 있다고 했다.

'어디 보자. 위치가, 시흥? 시흥이 어디야?'

이때까지만 해도 시흥이 내 작업 활동의 중심지가 될 거라고는 생각도 못했다.

첫 수업 날, 혼자 가기 쑥스러워 알고 지내던 작가 두 사람에게 동행을 권했다. 다행히 좋다는 답이 왔다. 오랜

만에 수업을 통해 뭔가를 배운다는 것이 신선한 기분을 주었다. 마치 학창시절로 돌아간 것처럼. 강의실에 도착해 실제로는 초면인 김진겸 작가에게 인사를 건넸다.

"안녕하세요…, 그… 블로그에 의동이라고…."

블로그나 카페로 사람을 만나본 사람을 공감할 거다. 본명이 아닌 닉네임으로 날 소개할 때의 어색함과 창피함. 나는 본명을 닉네임으로 써서 그나마 다행이었다. 그전에 쓰던 닉네임은 무려 '풍뎅이'였다. 아찔한 걸.

이번 수업의 주제는 3D 모델링 Zbrush라는 프로그램을 배우는 것이었다. 전에 독학을 한답시고 혼자 주물럭거려봤던 경험이 있어 진도를 잘 따라갈 수 있었다. 또 손 조형과 크게 다르지 않아 쉽게 다룰 수 있었다. 강의가 지루해질 만하면 오늘 만든 결과물을 비교하는 시간을 가졌다. 여러 사람의 다양한 관점으로 해석한 결과물들은 틀에 박힌 나를 고정관념에서 꺼내주었다.

'이런 방식으로도 만들 수가 있구나…. 어? 와아, 이 사람

잘하네.'

그중 유독 실력이 뛰어난 사람 한 명이 눈에 띄었다. 강도안. 그 사람이 굉장히 궁금했다. 미술은 첫 터치만 보아도 그 사람의 실력과 내공이 보인다. 나는 그런 사람들을 '손이 좋은 사람'이라고 표현한다. 손이 좋아 보이는 이 사람과 이야기가 하고 싶고, 친해지고 싶어서 말을 계속 걸어보고, 밥도 같이 먹으러 다녔다. 나이도 동갑이었고 같은 디자인과 출신이라 대화가 잘 통했다.

무슨 일을 하는 사람인가 물어보니 원단 회사에서 다니는 평범한 회사원이라고 했다. 이제 막 배우기 시작하는 사람이 실력이 좋으니 내 곁에 두고 싶다는 마음이 들었다.

'세상에 잘하는 사람은 정말 많구나.'

더 열심히 해야겠다는 생각을 했다. 약 한 달간 매주 열성으로 수업에 임했다. 마지막 수업 날, 모든 수업이 끝나고 사진을 한 장 찍자고 했다. 주섬주섬 오랜만에 찍는 단체사진. 어색한 웃음들. 허허.

찰칵.

김진겸, 정의동, 강도안.
겨울이 지나 봄,
봄이 지나 여름,
여름이 지나 가을.
우리는 팀이 됐다.

2
멸종동물 만들다가 우리가 멸종하겠다

사람들은 이런 작은 행동 하나가
얼마나 큰 변화를 일으키겠냐 하지만,
나는 반대로 묻고 싶다.
아무것도 안 하면 무슨 변화가 생기냐고.
자발적인 작은 실천들이 자연스럽게 전염되어서
쌓였을 때 변화가 나타나는 거라고 믿는 편이다.

한국인은 모르는 한국 공룡

공룡 하면 어떤 종이 가장 먼저 떠오르는가? 대부분 티라노사우루스를 떠올린다. 세계적인 스타니 당연하다. 어릴 적 공룡에 한참 빠져 있던 나는 우리나라에는 어떤 공룡이 살았을지 궁금해하며 그림을 그리곤 했다.

20년이 지나고 내 나이 서른. 실제 우리나라에 살았던 공룡의 뼈를 보고 그 위에 살을 붙인다. 이름은 '코리아케라톱스 화성엔시스.' 2008년 화성시 전곡항에서 발견된 작은 뿔공룡이다. 이름에 '코리아'가 들어가는 것이 무색하게 이 공룡에 대해 아는 사람은 드물다. 이름을 듣고 나면 더욱 궁금증이 생기는 공룡이다.

나는 우리나라에 사는 동물, 혹은 살았던 동물에 대해

큰 내적 친밀감을 느낀다. 같은 땅에 살았다는 이유 하나만으로 이 종에 대해 흥미를 갖고 공부를 했다. 습지에 살았을까 숲에 살았을까? 달리기는 빨랐을까? 이 녀석이 어떻게 살았을지 상상하며 스케치를 했다. 그런 다음 김 대표가 3D로 복원한 코리아케라톱스의 골격 위에 조금씩 살을 붙여 나갔다. 처음에는 내가 상상하며 만들어내는 이 공룡의 살아생전의 모습이 기대가 됐다.

어느 정도 공룡의 형태가 모습을 드러내기 시작했을 때, 당시 서울대에서 공룡을 연구하던 박진영 연구원(현 박사)에게 미완성 상태의 작업물 사진을 보냈다. 며칠 뒤 피드백을 받았다. 제법 수정이 필요했다. 현대에는 기술이 발전하고 화석으로 피부가 발견되는 등 자료가 많아져 공룡의 실제 모습을 꽤 정확하게 유추해낼 수 있다.

공룡 복원작업을 진행할 때는 이렇게 전문가들의 도움을 받아 완성도에 방점을 찍는다. 고증이 잘 된 공룡을 만들겠다는 의지다. 하지만 그만큼 수정 작업의 양이 늘어난다. 살집이 있는 귀여운 공룡을 만들고 싶었는데 생각보다 야위어졌다.

모델링이 끝나고 색을 칠할 준비를 했다. 여기서부터는 내 상상력을 마음껏 발휘할 수 있기에 신이 났다. 다른 작가들이 자주 사용하는 색이 아닌 나만의 독특한 색감의 공룡을 만들고 싶었다. 전부터 생각해두었던 색 조합을 사용해보았다. 푸른색에 분홍빛이 더해진 색상. 내 나름대로는 만족스러운 색 조합이었지만 공룡 애호가들 사이에서는 큰 호응을 얻지 못했다. 아쉬울 따름이다.

이 공룡이 실제로는 어떤 색을 가지고 있었을지, 정말

이렇게 생겼을지 우리는 정확하게 알 수 없다. 하지만 1억 년 전에 존재했던 생명체의 생김새를 상상해보는 것만으로도 제법 재미있는 시간을 보낼 수 있다. 1천 년 전 오늘, 1만 년 전 오늘, 1억 년 전 오늘은 지금 내가 살고 있는 이 땅위에 어떤 생명체들이 살았을까? 그들은 하루를 잘 보냈을까? 그들에게 하루를 잘 보낸다는 건 어떤 의미일까? 질문이 많아지는 새벽이다.

스케일 업

 나뭇잎이 물들어가는 계절, 오랜만에 남자 셋이서 모였다. 1:1 척도(실제 크기와 동일한 크기)의 스피노사우루스 머리를 보고 입이 떡 벌어졌다. 이 커다란 공룡 머리를 붙이고 세워서 독일로 보내야 한다. 우리가 다시 모인 이유다. 한번 모여서 작업을 해보자는 김진겸 대표의 연락을 받고 다시 시흥에 오게 되었다.

 우리 집에서 차로 약 50분. 가까운 거리는 아니다. 그럼에도 불구하고 부름에 응한 이유는 거대한 모형을 작업해 볼 기회 때문이었다. 이 작업을 위해 시흥에 와서 세 번 놀랐다. 첫 번째는 스피노사우루스 머리의 커다란 사이즈에 한 번 놀랐고, 3D 프린터가 제법 훌륭하게 모형을 형상화

하는 것에 두 번 놀랐고, 내가 이 작업을 끝내고 받을 소소한 액수에 세 번 놀랐다. 한참 개구리를 칠하느라 정신없이 바쁜 시기였기에 이 작업을 해야 할지 많은 고민을 했다. 결국에는 이 사람들과 인연을 이어가고 싶어서, 또 앞으로 다시는 못할지 모르는 대형 작업을 해보기 위해서 이 일을 수락했다.

작업 첫 날, 3D 프린터 출력 중 문제가 생긴 부분들과 구현이 덜 된 부분들을 붙이고 깎으며 조금씩 후가공을 시작했다. 내가 수지점토를 가지고 조형을 하고 있으면 옆에서 강 작가가 깎고 다듬어주었다. 처음이지만 제법 손발이 잘 맞는 느낌.

약 한 달. 완성까지 예상되는 시간이다. 한 달 이내에 끝내기 위해 쉴 틈 없이 일에 집중했다. 한참 작업을 하다 보면 어느새 점심시간이 된다. 낯선 지역에서의 점심시간은 낯선 재미가 있다. 처음 가보는 식당들과 그 지역의 분위기가 모여 특유의 설레는 바이브를 만들어낸다.

시흥에는 큰 공단이 있어 아재들이 좋아하는 양 많은 식당들이 많았다. 공대 출신의 김 대표 역시 그 아재들 중 한 명이었다. 두 번 중 한 번은 설렁탕을 먹었다. 설렁탕을 좋아하기에 불만은 없었다. 아니 지금 이 이야기를 하고 있는 걸 보니 불만이 조금은 있었을 지도….

기본적인 후가공이 끝났다. 일주일이 조금 넘게 걸렸다. 색칠은 전부 붓 도색으로 완성하고 싶은 욕심이 있었지만 시간적 한계로 에어브러쉬를 사용하기로 했다.

에어브러쉬는 자동차 도장에도 쓰이는 도구다. 분무기처럼 도료를 분사하는 방식으로 색칠하는 방식인데 마스크를 쓰지 않고 그냥 분사하면 기관지에 해롭다. 1년이라도 더 살기 위해서 방진마스크를 착용하고, 공기를 밖으로 내보내는 장치도 만들어 필터를 씌웠다. 이렇게 열심히 살고 있는데 빨리 죽고 싶지는 않거든. 에어브러쉬를 사용하니 금방 바탕색이 칠해졌다. 간단히 말려두고 퇴근한다.

퇴근 후 김 대표가 저녁을 먹자고 했다.

'참치? 세상에….'

참치나 소고기를 사주는 사람들은 대부분 나에게 잘 보이고 싶거나 바라는 게 있었다. 이 사람은 나에게 무얼 원

할지 궁금했지만 우선 기름진 참치부터 입에 넣고 본다. 김 대표가 앞으로 있을 대형 프로젝트에 대해서 운을 띄었고 참치 기름에 절은 나와 강 작가는 별 생각 없이 동의의 의미로 고개를 끄덕였다. 이래서 소고기와 참치는 조심해야 한다.

3주차. 세부 도색에 들어갔다. 날마다 조금씩 얇게 색을 쌓으며 디테일을 올린다. 얇게 물감을 칠하는 과정은 오래 걸리지만 빛에 따라 속에 칠한 색들이 비춰지기에 완성도가 높아진다. 순전히 나의 개인적인 생각이다. 그 뒤로도 매일같이 칠하고 닦아내고 뿌리고 붙이고를 반복했다. 피부조각 하나씩 이빨 하나씩 칠하기를 반복했다.

내 몸보다 더 큰 사이즈의 모형이다 보니 예상치 못한 어려움이 많았다. 대부분 무게로 인한 것이었는데, 이를테면 무게를 버티지 못하고 휘어지는 게 아닌가. 중력과의 싸움은 처음이었다. 이러다 공학까지 공부해야 되는 것은 아닌가 싶었다.

한 달간의 작업을 끝내고 기념 촬영을 했다. 나의 첫 공룡 작업은 20대 후반에 만난 절친한 친구들과 완성했다. 누군가에게는 배움의 장이었고 누군가는 미래에 대한 투자, 또 누군가는 새로운 도전이었다. 실제 크기의 공룡 뼈는 다른 모형과 달리 머리만으로도 압도하는 분위기를 풍겼다. 더욱 생동감 있게 느껴졌다고 할까?

어린이, 특히 남자아이는 누구나 공룡에 푹 빠지는 시기가 있다. 그 아이들이 이 스피노사우르스의 머리를 보면 얼마나 좋아하고 평생의 추억으로 남을지 상상을 하면 그간의 노고가 눈 녹듯 사라진다. 백악기에 살았던 육식공룡 스피노사우루스의 모형은 독일로 날아가 많은 사람들과 사진을 찍어주고 금의환향했다.

대형 작업을 성공적으로 마치고 나니 이제 어떤 작업이든 할 수 있을 거란 자신감이 생겼다. 우리는 실물 사이즈 공룡을 만들기 위해 모인 팀이었기에 반드시 필요한 경험이기도 했다. 돌이켜보면 나에게 중요하지 않았던 작업은 없었다. 작업물이 커진 만큼 나도 성장한 것 같았다.

당신은 무슨 색인가요?

공룡 복원 작업에서 가장 골치가 아픈 순간은 색을 올리는 작업을 할 때이다. 이 동물이 어떤 색이었을지, 어떤 색이 잘 어울릴 것인지 고민과 조사를 하고, 드로잉 북이나 3D상에서 색을 입혀본다.

보통은 생태학적으로 비슷한 생태적 지위에 있는 현생동물이나 분류학적으로 비슷한 현생동물을 참고하여 아이디어를 얻는다. 예를 들면 덩치가 큰 목긴공룡이나 용각류들은 지금의 코끼리나 코뿔소와 같은 생태적 지위를 가지고 있었을 것으로 예상된다. 코끼리와 코뿔소의 색은 단순하다. 대형동물들이 화려한 색을 지닌 경우가 드물기 때문에 이를 참고하여 단순하게 색을 칠한다.

이어서 다시 고민을 해본다. 분류학적으로 포유류와 파충류는 다르니 파충류 중에서 대형으로 자라는 동물들을 떠올려본다. 악어와 코모도왕도마뱀이 있다. 역시 색이 화려하다는 느낌을 받기는 힘들다. 단조롭다. 그럼 큰 문제 없이 색 작업을 끝낸다. 관련 연구를 하는 분들이 "수컷이 조금 더 화려했을 것 같다," "꼬리에 무늬가 있었을 것 같다" 등의 자문을 해주면 거기에 맞게 수정하는 작업도 진행한다.

이렇게 작업을 진행하다 보면 간혹 한번에 만족스러운 색 조합이 탄생하기도 하지만 대게는 두세 번은 칠해보고 비교한다. 색칠 작업은 생명을 불어넣는 데 있어 가장 중요한 부분인 만큼 매력 있는 작업이다. 하지만 그만큼 적나라한 평가에 노출된다. 온라인에는 공룡 매니아들이 많은데 그들의 평가는 예리하고 또 가혹하다. 작가들은 이 평가에 영향을 많이 받는다.

이 사람들에게는 이 미세한 색감의 차이가 나를 괴롭힐 만큼 그렇게도 중요한가 싶었던 적도 있다. 그러나 더 많은 작업을 하고 다양한 동물 매니아들과 소통하면서 느껴졌다. 동물들을 소중히 여기는 그들의 순수한 마음이. 아무리 모양을 잘 만들어도 결국 작품을 완성하는 것은 색칠이었다. 살아 있는 것 같은 생명력을 부여하는 것이 중요한데 여기서 결정적인 역할을 하는 것이 바로 색감이다. 매니아들은 본능적으로 혹은 경험적으로 알고 있었던 것이다.

공룡이 어떤 색인지 알 수 있게 사진이라도 있었다면 색에 대해서 이렇게까지 고민을 할 필요가 없었을 것이다. 눈에 보이는 대로 구현하면 되니까. 하지만 자료가 없어서 겨우 색칠 하나 하는 데도 많은 연구와 고민을 해야 했다.

색에 대해 오랜 시간을 깊이 고민하면서, 사람도 마찬가지라는 생각이 들었다. 사람도 색이 다양하다. 기본적으로 피부색이 다르다. 인종에 따라 날 때부터 정해지는 색도 있지만, 같은 인종끼리도 어디서 어떻게 살아가고 관리를 하느냐에 따라 다 다른 색을 갖고 있다. 패션이나 메이크업 등의 수단을 통해 자신의 색을 표현하는 것은 모든 생물 중 인간만이 가지고 있는 특징이다. MBTI가 성격 유형을 통해 나를 이해하는 것이라면 한동안 유행한 퍼스널 컬러는 색감을 통해 나를 이해하는 것이라고 할 수 있다.

'나는 어떤 색의 사람일까?'

다른 사람들의 눈에는 어떤 색으로 보일지 모르겠지만, 나 스스로는 따뜻한 색감의 사람이 되려고 노력하며 살아왔던 것 같다. 주변 사람들이 추운 곳에서 몸이 얼어 있으면 내 곁에 있는 동안 몸을 녹이고 갔으면 좋겠다. 그래서인지 내가 좋아하는 장소도 다 그런 곳이다. 강화도의 유명해진 칼국수집이나 두물머리의 카페들. 모닥불을 피워놓고 도란도란 이야기를 나누다 보면 몸과 마음이 따뜻해지는 그런 곳들.

혹시나 인류가 멸종된다면, 먼 훗날 우연히 나의 흔적을 발견한 존재가 '정의동'이란 조각을 만들 때 따뜻한 색으로 칠해주기를 바란다.

색에 하나의 정답만이 있는 것은 아니다. 공룡은 누구도 진짜 모습을 본 적이 없지만 누구나 생김새를 아는 동물이다. 과학적 근거를 바탕으로 이런 색이었을 거라고 추정할 수 있지만 결국은 추측이다. 그렇다 보니 어느 정도 작가의 상상력이 개입될 여지가 있다.

타르보사우루스를 칠할 때였다. 역시나 매니아들에게

의견을 물었다. "얼굴이 조금 더 화려했으면 좋겠어요."
라고 댓글이 달렸다.

"조금 더 화려하게 칠해볼까?"
"큰 육식공룡이 이렇게 화려할 리가 없어요!"

무늬를 지워본다.

"엥? 너무 밋밋해서 재미없어요!"

아…, 여기서 주장하는 사람들의 말도 일리가 있다. 최근에는 뼈뿐 아니라 공룡들의 피부화석도 많이 발견되었는데 이 화석에서 색소 세포들이 발견됐고 그 공룡의 색을 추정할 수 있게 되었다. 하지만 여전히 피부화석 표본은 적고 색을 모르는 공룡이 태반이지 않은가?

'아 몰라, 내 멋대로 칠해야지.'

이때는 아예 삐뚤어졌던 것 같다. 참고할 도마뱀 사진

들을 모았다. 도마뱀 중에서도 가장 화려한 아이들을 찾았다. 목 밑으로는 파란색이 한가득 머리 뒤쪽으로는 주황색으로 덮었다. 화려함의 끝! 역시나 매니아들의 질타를 받았다. 하지만 기분이 썩 나쁘지 않았다. 아니 더 이상 나빠질 기분이 없어서 그렇게 느꼈던 것 같다. 이미 평가에 삐져 있었던 걸까?

타르보사우루스가 박물관에 납품될 때는 조금 더 톤을 죽여 다시 칠을 했다. 하지만 화려함을 포기하지는 않았다. 남들이 맞다고 하는 걸 더더욱 하기 싫어졌다. 안 그래도 작가 생활을 하면서 고집이 강해졌는데 고집 한 스푼이 추가되었다.

대멸종의 시기

팀 작업을 하면서 일주일 중 4일은 시흥 사무실에 머물렀다. 모여서 박물관에 들어갈 동물 모형을 만들기도 했고, 다음 프로젝트에 대해 논의하기도 했다. 더할 나위 없이 즐거운 시간이었다. 그렇게 즐거운 나날들을 보내던 중 서서히 우리에게도 그늘이 드리우기 시작했다.

코로나바이러스.

박물관들이 휴관을 가지고, 정부에서 연구와 복원사업의 예산을 의료기관으로 모았다. 대학교, 고등학교가 비대면 강의로 전환했다. 당연했다. 그렇게 해야만 했다. 대학교와 문화시설들의 강의가 사라지고, 박물관의 복원 모형 일도 무기한 연기가 되었다.

코로나19가 터지고 얼마 지나지 않았을 무렵까지는 사실 뉴스를 보면서도 우리에게 큰 타격이 있을 거라고는 상상도 못했다. '조심하면서 우리 일만 열심히 하자'라는 다짐이 그렇게 허망하게 될 줄 누가 상상이나 했을까.

코로나19 발생 1년.
사무실에 국밥을 배달 시켰다. 따끈한 국물을 들이키던 김 대표가 웃으며 말했다.

"멸종동물 만들다가 우리가 멸종하겠어."

낄낄 웃다가 다들 말없이 국밥 그릇만 바라봤다.

'버티자. 일단 이 대멸종을 견뎌야 한다. 그럼 언젠간 해가 뜨겠지.'

기록은 기억을 남긴다

우리는 스피노사우루스를 만들어 독일에 보냈고 아크로칸토사우루스를 서대문자연사박물관에 보냈다. 강의를 나가서 학생들에게 3D 모델링을 가르치기도 했고 서로가 서로의 선생님이 되어 모자란 부분을 잡아주기도 했다. 그렇게 조금씩 팀으로서 커가고 있었다.

만족스러운 결과들이었다. 하지만 내 속에서는 여전히 '뭔가 조금 더 의미 있는 작업을 하고 싶다'라는 욕망이 끓고 있었다. 마음 속 어딘가 채워지지 않은 빈공간이 있었다. 그때부터 나의 정체성에 대하여 원점에서부터 다시 고민하기 시작했다. 내가 조형작가가 되기로 결심한 이유는 무엇이었나? 기억을 더듬어보았다. 나의 초심은 멸종위기에 처한 동물들을 알리는 것이었다. 공룡 작업을 하면서 새로운 경험을, 특히 스케일이 큰 작업을 하며 작가로서 성장했다는 사실에 만족스러운 것도 사실이었지만 가슴 한 편에서는 나도 모르는 사이에 갈망이 쌓이고 있었던 것이다. 무관심 혹은 무지에 의해 잊혀진 동물들을 알리고 싶다는 갈망.

'공룡이 아니라 다른 이야기를 가진 동물이 없을까?'

김진겸 대표는 머리가 복잡해 스트레스를 받을 때든, 누군가에게 자극을 받을 때든, 단순하게 할 일이 없을 때든, 아니 언제든 작업을 한다. 내가 팀원들과 이야기를 나누며 이런 고민을 반복하는 그 와중에도 김 대표는 작업을 하고 있었다.

"대표님, 뭐 만들고 계세요?"
"도도예요."

김 대표가 만들고 있었던 건 도도새의 골격이었다. 사

람이 멸종시킨 것으로 유명한 날지 못하는 새. 도도는 인도양의 모리셔스 섬에 서식했던 새로 날지 못한다는 점에서 닭과 비슷했으니 크기는 닭보다 10배나 큰 새였다.

귀여운 이름과 달리 '도도'는 '바보 새'라는 뜻이다. 17세기에 처음 모리셔스 섬을 발견한 유럽인은 도도를 단순히 못생기고 맛이 없다는 이유로, 심지어는 재미로도 도도를 죽이곤 했다. 그렇게 도도는 처음 발견된 지 100년 만에 멸종하고 말았다. 멸종의 원인은 다양하지만 이처럼 허망한 원인이 또 있을까.

도도에 대해 공부하면서 가장 어처구니가 없었던 사실은 따로 있다. 바로 표본이 하나도 남아 있지 않았다는 것이다. 1700년대에 유일한 표본이 영국 옥스퍼드 대학교 박물관에 있었는데 박물관 큐레이터가 보관 상태가 안 좋아 보기 싫다는 이유로 모닥불에 던져버렸다. 도도의 표본에 관해서는 여러 가지 이야기가 있는데 이 이야기가 가장 정설로 알려져 있다. 그 큐레이터는 자신이 버린 표본이 세계에서 마지막으로 남은 것인 줄 알고는 있었을까?

인간은 도도새를 멸종시킨 것도 모자라 제대로 된 표

본 한 점 남겨두지 않았다. 수 세기 동안 도도의 형상은 추측될 뿐이었고, 현대에 이르러서야 DNA 과학기술의 발달로 도도의 모습을 실제에 가깝게 복원할 수 있게 되었다.

우리의 다음 프로젝트는 도도가 되어야 한다는 사실을 본능적으로 감지했다. 국내에 도도새 전신 골격이 없어 난이도가 높은 작업이 될 것이었다. 하지만 도도를 알아갈수록 이것이야말로 내가 알리고 싶었던 동물이었다는 생각이 들었다.

'그래, 이거야.'

팀원들 생각도 같았다. 자연스럽게 2019년 우리의 마지막 작업은 도도새가 되었다.

모니터 위에서 도도새의 뼈마디 하나하나가 만들어졌다. 머리와 다리, 날개, 전부 다르게 생긴 수십 개의 척추들이 가상의 공간에서 조립됐다. 가장 큰 스트레스를 주는 것은 이 척추들이었다. 경추부터 미추의 미좌골까지 20개가 넘는 척추 뼈가 비슷하게 생겼지만 자세히 보면 하나하나 전부 다르게 생겼다. 논문에 기록된 많은 사진들과 연구결과들을 보며 뼈 하나하나를 완벽하게 작업했다.

모델링은 끝이 났다. 이제 3D상에서 뼈들을 조립하고 도도새를 일으켜 세워본다. 수많은 포즈를 잡아보고 가장 이상적인 자세를 정했다. 그 위에 세월이 지나간 듯 보이도록 색을 입히면 완성이다. 여기까지 컴퓨터에서 할 수 있는 모든 것을 끝냈다.

김 대표가 기지개를 켜며 말했다.

"드디어 끝났어요."

여기서 끝은 이제 겨우 컴퓨터에서 끝이 났음을 이야기한다. 나의 작업은 이제 시작이다. 작업실 구석에서 먼지를 뒤집어 쓴 3D 프린터가 뼈마디를 하나씩 출력하기 시작했다. 프린터의 크기가 작아 도도새의 뼈를 전부 출력하는 데에만 몇 주가 훌쩍 지나갔다. 손 조형 작업만 해오던 나에게 컴퓨터와 프린터로 만들어지는 과정은 어색했다. 프린터가 열심히 일하고 있지만 출력물이 완벽하게 나오리라는 것은 무리한 기대였다.

실제로 출력된 뼈마디들 중 제법 많은 수가 문제가 있었다. 우리 사무실에 있는 프린터는 플라스틱에 열을 가한 뒤 짜내어 한 층 한 층 쌓아가면서 형상을 만들어내는 방식이다. 하지만 만드는 도중 플라스틱에 열이 덜 가해져서 출력 중 기기가 멈추거나 혹은 층층이 쌓아 올리던 도중에 무너져 내리기도 했다. 프린터가 일을 다해줄 줄 알았는데 아니었다.

할 일이 많았다. 뼈대 하나하나에 퍼티를 묽게 만들어 발랐다. 출력물 표면에는 특유의 결이 남는데 이 결을 없애고 표면을 매끄럽게 만들기 위해서였다. 출력이 안 되거나 파손된 부위는 뼈대를 만들고 그 위에 단단하게 만든 퍼티를 붙임으로써 원래의 형태로 복원했다. 이 작업들과 함께 사포질을 반복해가며 실제 뼈와 같은 질감을 구현해냈다.

색을 입히기 전에 뼛조각들을 하나씩 3D 모델링과 대조하며 넘버링 작업을 했다. 특히 경추부터 위추로 이어지는 척추 뼈는 두 번 세 번 이 뼛조각이 맞는지 확인 또 확인한다. 한 번 색을 입히고 나면 위에 숫자를 적거나 표시를 못한다. 그래서 넘버링 작업을 먼저 해 각 뼈와 포스트잇에 숫자를 적어둔다. 내가 칠하는 뼈가 어떤 뼈

인지 인지하고 색칠한 다음 같은 번호의 포스트잇을 그대로 붙여주면 된다. 작업을 수월하게 하기 위해 수년간의 시행착오 끝에 발견한 노하우이다.

작업은 불안감을 가져가고 대신 내게 안정감을 돌려준다. 내가 이 팀에서 할 게 있다는 것, 팀이 나를 필요로 한다는 생각에서 오는 안정감.

색을 입힐 차례다. 서페이서Surfacer를 한 겹 올렸다. 그 위에 베이지색 아크릴 물감을 한 겹 두 겹 쌓았다. 그 위에 갈색을 묽게 만들어 한 겹, 검은색을 묽게 만들어 한 겹, 다시 갈색을 한 겹, 적갈색을 검은색과 섞어 또 한 겹. 색칠로 끝을 내는 작품의 완성도는 마지막 도색작업에서 결정된다. 최대한 밀도를 올림으로써 완벽한 결과물을 얻기 위해 노력했다.

하루, 이틀, 일주일이 지났다. 끝이 보이기 시작했다. 적당히 오래된 느낌을 입은 뼈 모형들이 나열되었다. 70개가 넘는 뼛조각들을 순서대로 나열하고 조립해 나간다. 비슷하게 생긴 뼛조각들이 많기 때문에 아주 신중히 조립해야 한다. 가끔 해부학을 공부했거나 관심이 있는 사람들이 말한다.

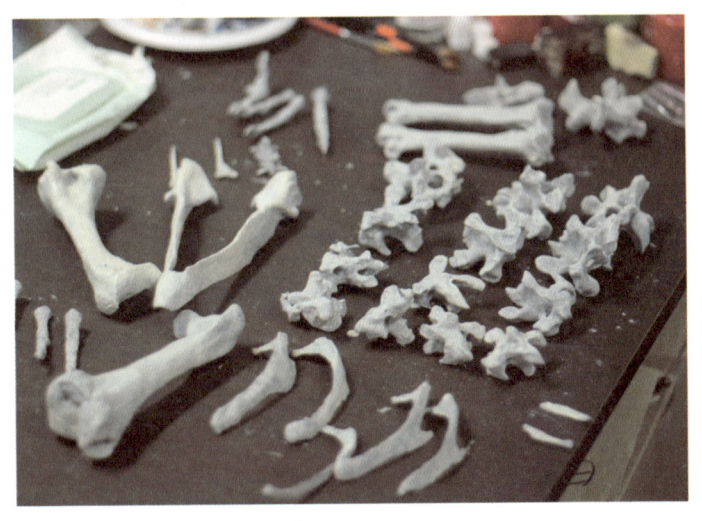

"뼈의 구분은 생각보다 어렵지 않다."

사람이 아닌 멸종해버린 어떤 동물의 뼈를 쭉 펼쳐 놓으면 그런 말이 쏙 들어간다. 그렇다. 저 말을 했던 사람은 나 자신이다. 수년간 동물을 만들고, 동물해부학을 공부하면서 너무 자만했던 것 같다.

정신이 쏙 빠지는 작업이었다. 하나씩 조립을 해 나갔다. 골반에 대퇴골을 붙이고 두개골과 하악골을 붙인다. 이렇게 한 개 두 개 있는 뼛조각들은 어렵지가 않았다. 어려운 건 척추와 늑골들이다. 비슷하게 생긴 녀석들의 모양을 하나씩 확인하고 붙이고 연결한다.

'음? 뭔가 이상한데?'

척추 두 개가 순서가 바뀌었다. 아이고. 해야 할 일들이 눈앞에 그려진다. 벌써 막막하다. 척추만 다시 떼어내서 붙이면 되는 거 아닌가라고 생각할 수 있지만, 척추 하나하나에 맞는 홈을 파고 조립을 끝낸 후 지지대까지 작업을 해놓았기에 척추를 무려 4개나 분해해서 다시 작업을 해야 했다. 다시 분리를 거듭하면서 깨지거나 벗겨진 부분을 수정하고 새로운 구멍을 뚫었다. 행여 또 실수가 생길까 한 번, 두 번, 세 번 재차 확인을 했다.

이상 없음. 마지막으로 머리를 붙이고 우리는 한동안 말없이 도도를 바라만 봤다. 4개월간의 작업이 끝나는 순간이었다. 벅참과 허무함이 교차했다. 사진을 찍고 도도를 작업실 내 전시장에 두면서 내년에는 더 큰 작업을 해보자는 다짐을 했다.

도도 완성 후 시간이 얼마나 지났을까? 국립낙동강생물자원관에게서 연락이 왔다. 도도를 구입할 수 있느냐는 문의였다. 보통은 의뢰가 들어오면 기간에 맞춰 납품하는 방식으로 작업을 해왔기에 내 작업물을 보고 먼저 박물관에서 연락이 온 것에 어안이 벙벙했다.

"우리가 만든 도도가 제법 유명하기는 했나 보네요."

도도를 블로그와 유튜브, SNS에 공유했을 때 반응은 제법 좋았다. 많은 '좋아요'와 댓글들이 이번 프로젝트가 성공적임을 말해주었다. 우린 그걸로 만족했다. 그런데 박물관이라니? 박물관에 들어가서 더 많은 이들에게 멸종한 도도의 안타까움을 알릴 수 있다는 사실에 가슴이 뛰었다.

처음 도도새를 시작할 때 여러 의미로 작업할 가치가 있다고 생각했다. 그중에서도 가장 중요한 것은 '사람들에게 멸종에 대한 경각심 알릴 작품'이어야 한다는 것이었다. 그런데 정말 의미에 맞게 활용될 기회가 온 것이다. 우리는 도도를 보내기로 하고 떠나보낼 준비를 했다.

납품하기로 한 당일 새벽부터 작업실은 분주했다. 작품 특성상 배송 중 파손 우려가 컸기에 우리가 직접 배송을 가기로 결정했다. 목적지는 경상북도 상주 국립낙동강생태자원관. 브레이크에서 액셀로 발을 옮겼다. 점심 즈음 생태자원관에 도착했다. 본관을 지나자 우리에게 연락을 주셨던 박제사님의 사무실이 있었다.

"처음 뵙겠습니다."
"안녕하세요."

가벼운 인사를 마치고 도도를 작업실 내부로 옮겼다. 먼 길을 오면서 파손이 난 도도를 강도안 작가와 함께 붙이고 도색하고 마감 처리를 다시 했다. 작업 마무리를 하고 나니 멋진 공간이 눈에 들어왔다.

'이야, 이런 넓은 작업실에서 작업해봤으면….'

넓은 공간과 작업대는 나처럼 손으로 작업하는 사람들에게는 꿈이다. 박제사님의 안내에 따라 작업실을 둘러봤다. 수많은 참고용 표본들과 미완성 박제 작품들은 감탄을 자아냈다. 박제사는 기록자라고 생각해왔기에 박제사라는 직업을 경애했었다. 이번 방문을 통해 그 감정이 더 커졌다.

"이 방을 쓰시면 됩니다."

박제사님이 먼 길을 오셨다고 게스트룸을 하루 쓰게 해주셨다. 상주 시내에서 고기 축배를 들었다. 앞으로 우리 더 잘해보자는 약속과 재미있게 작업하자는 다짐. 다음 프로젝트 주제에 대한 이야기. 상주에서도 시간 가는 줄 모른 체 밤새 일 이야기만 했다. 날이 밝고 낙동강변을 한 바퀴 돌았다. 오랜만의 여유, 좋은 사람들, 싱그러운 바람, 파란 하늘, 아니 붉은 하늘. 노는 시간은 왜 이리 빨리 가는 건지. 잘 놀다가 떠날 때가 되자 다시 한 번 가슴이 벅찼다. 그 어떤 기록도 남지 않아 오랜 시간 완전히 잊혀졌던 도도가 본래의 모습을 되찾아 적어도 우리나라에서는 많은 사람들이 볼 수 있게 되었다.

잘 지내렴, 도도야.

'날지 못해서'라는 착각

나는 도도의 골격을 보내고도 한동안 도도라는 존재에 대해 빠져 있었다. 출근을 하면 도도에 관한 해외 논문을 찾아보는 게 일상이었다. 여러 가지 흥미로운 '카더라 썰'이 많았다. 이야기들이 재미있어 일할 때나 쉴 때나 틈틈이 읽어보았다.

앞에서 언급했던 옥스퍼드 대학의 마지막 표본에 대해서도 많은 이야기가 있다. 나는 분명 '박물관장이 보관 상태가 좋지 않아 보기 싫어 태웠다. 그게 이 세상에 남아 있던 마지막 도도 표본이었다'라고 알고 있지만 그 내용이 잘못 알려진 것이라는 반론도 많았다.

'박물관에 화재가 나서 타버리고 남은 표본 일부가 전

시되어 있는 거다,' '그 시대에 박제 보관기술이 발달하지 못한 탓에 심하게 훼손된 부분은 버리고 상태가 양호한 머리와 다리 한 쪽만 남긴 거다' 등 다양한 주장이 난무했다. '아니다. 박물관장이 도도가 그냥 못생겨서 태워버렸다'라는 우스갯소리도 있었다. 검증이 불가능해 결국은 다 '썰'에 불과하다. 현존하는 도도 그림들이 도도를 직접 보고 그린 게 아니라 상상화이기에 다양한 이야기가 전해지는 것도 당연하다고 생각했다. 인간 세상이 다 그렇지 않나. 상상으로 그린 도도의 그림들은 훗날 도도 연구에 큰 혼란을 주었다고 한다.

또 다른 이야기도 있다. 도도처럼 모리셔스 섬에만 서식하는 '도도나무'라 불리는 나무가 있다. 1970년대에 단 13그루만 남아 멸종위기 종으로 알려지고 보호받기 시작했다. 남은 나무들은 모두 300년이 넘었다. 1600년대 이전에 발아한 녀석들이다. 그 뒤에 발아된 나무는 한 그루도 없다. 연구진들은 도도가 이 나무의 열매를 삼키고 소화시켜야 이 나무들이 번식을 할 수 있었을 거라고 주장했다. 한 종이 멸종하자 공생관계의 남은 식물도 멸종의 길을 따라간다는 무섭고 냉혹한 현실이다. 물론 이 나무가 도도의 존재를 통해서 번식했다는 주장에 과학적 증거는 없다. 하지만 이후 도도와 식생이 비슷한 칠면조를 통해 이 나무의 발아를 가능하게 만든 것으로 보아 개인적으로는 도도와 관련이 있었다는 주장이 일리가 있다고 생각된다.

이제 썰들은 뒤로하고 도도에 대해 본격적으로 이야기를 해보자. 도도의 생김새를 보면 어떤 새와 가장 가까울 것 같은가? 날지 못하니 타조나 에뮤? 또는 키위? 의외로 이 녀석들의 가까운 사촌은 우리나라에도 제법 많이 살고 있다. 바로 비둘기다. 이 사실을 알고 굉장히 놀랐다. 도도는 1미터에 육박하는 대형 조류이기에 비둘기가 연상되지 않는 게 당연하다. 과학이 발달하지 않았던 과거에는 상상도 못했을 일이라 생각했다. 하지만 무려 1862년에 두개골을 연구해 도도가 비둘기목이라는 사실이 밝혀졌다.

전 세계 많은 종류의 비둘기들이 도도의 친척인 셈이다. 현존하는 가장 가까운 친척은 '니코바르비둘기'이다. 크기는 40센티미터 정도의 대형 비둘기이지만 생김새가 도도와 많이 다르고 무려 '날 수 있다.'

이 비행이 가능한 날개 덕에 멸종을 피한 건 아닐까? 유전적으로 도도와 가까운 대부분의 새들은 심각한 멸종위기이거나 이미 멸종했다. 더 가까운 사촌은 인도양 로드리게스 섬에 살던 '로드리게스솔리테어.' 이 녀석도 키가 1미터에 육박하고 날지 못한다는 공통점이 있었다. 18세기 무렵 멸종한 것으로 보인다.

조류에게 있어 날지 못한다는 것은 생존하는 데 치명적인 약점이라는 생각이 들었다. 실제로 날지 못하는 새 중 상당수의 종이 멸종했다. 그 모습이 나를 보는 것 같이 느껴질 때도 있었다. 나도 한때는 나 자신을 '날지 못하는 존재'라고 생각했던 적이 있다. 이 사회에서 생존하는 데 적합한 능력을 갖추지 못한 존재인 것처럼 느껴져서 자존감이 낮아질 때도 많았다.

이 날지 못하는 새들에게 마음이 간 것도 그래서였던 것 같다. 도도처럼 날지 못해서 멸종된 동물들을 찾아보았다. 큰바다쇠오리, 웨이크뜸부기…. 그러던 중 놀라운 사실을 하나 발견했다. 멸종한 종들은 거의 모두가 인간과의 접촉 이후에 급격히 멸종된 것이었다. 살아남은 종들은 대부분 갈라파고스, 뉴질랜드 등 비교적 인간의 손

길이 닿지 않거나 최근에 발견된 지역에 있는 경우가 많았다. '날지 못해서' 멸종한 게 아니었다.

'날개가 없어서 생존에 불리했나 보다'라는 건 완전히 틀리다고 할 순 없지만 옳다고 할 수도 없는 생각이었다. 단순히 결과만 놓고 판단하는 건 자칫 섣부른 결론이 될 수 있다. 날개가 없다는 건 인간의 인위적인 개입이 없는 자연 상태에서는 문제가 아니었다. 섣부른 결론은 엉뚱한 진단과 대응방안을 낳게 한다.

"이 험한 세상에서 살아남으려면 열심히 노력을 해서 날 수 있어야지."

도도에게 이런 말을 한다고 상상하니 아찔했다. 나는 사람에게도 섣부른 결론을 내리지 않으려고 한다. 우리가 어려운 상황에 있는 사람들을 볼 때 조심해야 되는 부분이 아닌가 싶다.

내가 도도 관련 문서들만 보고 있으니 김 대표가 뼈 위에 살을 붙이는 복원작업을 해보라고 권유했다. 시작하지도 않았지만 벌써 재미있었다. 하지만 막상 시작하니 즐겁지만은 않았다. 3D작업보다 손 조형이 익숙할 때라 기본 실루엣을 잡는 데에도 시간이 오래 걸렸다. 털을 표현하는 부분을 작업할 때는 답답한 마음마저 들었다.

'아, 손으로 하면 금방 하는데….'

뼈에 살과 근육을 붙이고 위에 깃털을 덮었다. 다른 작가들의 상상도나 모형들을 참고하며 조금씩 살을 붙였다. 살아 있거나 실제 모습의 사진이 존재하는 가까운 비둘기과 동물들도 참고하여 만들어 나갔다. 표본이 남아 있는 머리와 다리는 논문의 사진들을 참고하여 최대한 고증에 심혈을 기울였다. 어느 정도 실루엣이 완성되고 녀석의 움직임을 표현했다. 이 작업까지 끝내고 나니 이제 정말 도도를 떠나보내는 느낌이 들었다. 도도를 복원하는 작업을 하고 있다고 들었는데, 훗날에 살아 있는 도도를 볼 수 있는 날이 올까? 내가 만든 도도 모형은 얼마나 그들과 닮았을지 궁금하다.

인간이 멸종시켰던 도도새는 제대로 된 표본 한 점 존재하지 않는다.

#도도새 #dodo #dodobird #art

스티븐스 굴뚝새, 몽구스
그리고 뿔쇠오리의 공통점

뉴질랜드에 스티븐스 섬이 있다. 이곳에는 아주 유명한 고양이가 살았다. 이 고양이는 1894년 등대지기로 섬에 들어온 주인 데이비드를 따라서 함께 들어왔다. 작은 섬인데다 천적도 없으니 데이비드는 고양이를 마음껏 뛰어놀게 두었다. 그런데 이 녀석이 매일 새를 물어오기 시작했다. 집사에게 주는 선물이었던 것 같다. 데이비드는 이 새가 어떤 종인지 몰라 영국의 학자에게 새의 표본을 보냈다. 영국의 학자들은 이 새가 신종 굴뚝새라는 걸 알아냈다.

"스티븐스 섬에서 사니 '스티븐스굴뚝새'라고 하자."

이 녀석을 더 연구하기 위해 학자들이 섬에 도착했다. 하지만 그 어디에도 새를 볼 수 없었다. 처음 발견된 지 1년도 채 안 되어 멸종해버린 것이었다. 이 일은 정말 충격적인 사건으로 기록되어 있다. 단 한 마리의 고양이가 굴뚝새 한 종을 멸종시켜버린 사건. 그 고양이의 이름은 티블스Tibbles.

한 종이 다른 한 종을 멸종시킨 게 아니라, 한 마리가 한 종을 멸종시켰다고? 놀라움과 허망함이 섞인 복합적인 감정이 들었다.

나는 집에서 고양이 두 마리를 키우고 있다. 그리고 길고양이들을 예뻐하는 사람이다. 우리 고양이들의 얼굴을 떠올려보았다. 처음에는 인지부조화가 왔다. 이렇게 사랑스러운 고양이들이?

현실은 인간에게 애교가 많고 귀여운 고양이들도 결국 사냥을 하는 동물이라는 것이다. 스티븐스 섬과 비슷한 사례는 전 세계적으로 흔하다. 일본 오키나와에는 '오키나와하부'라는 맹독성 뱀이 있다. 사람들이 이 뱀에 물려 사망하는 사고가 번번이 일어나자 뱀의 천적으로 알려진 몽구스를 섬에 풀어놓았다. 그래서 오키나와하부가 멸종되었을까? 예상과 달리 뜬금없이 '오키나와뜸부기'라고 하는 새가 멸종해버렸다. 몽구스는 상대적으로 잡기 힘든 뱀보다 잡기 쉬운 뜸부기를 사냥한 것이다. 뒤늦게 오키나와 지자체는 몽구스를 잡아들이기 시작했지만 이미 늦었다.

고양이들은 사냥놀이를 한다. 세계의 수많은 고양이과 동물들이 공통적으로 가지고 있는 특성이다. 고양이과 동물들이 원래 가지고 있는 특성이라면 무엇이 문제가 될까 싶겠지만, 문제는 그 사냥놀이에 많은 천연기념물과 멸종위기종들이 죽어가고 있다는 것이다. 티버스도 먹기 위해서 굴뚝새를 잡은 게 아니다.

소셜미디어에서 글들을 보았다.

"저희 집 고양이가 하늘다람쥐를 물어 왔어요. 어떻게 하죠?"

하늘다람쥐는 천연기념물이자 멸종위기야생생물2급으로 지정되어 보호받고 있다.

"밥 주는 고양이가 선물로 새를 물어왔는데, 처음에 황조롱이인줄 알았어요! 다행히 아닌 것 같아요. 황조롱이였으면 큰일 날 뻔했어요. 황조롱이는 천연기념물이더라구요!"

사진의 새는 천연기념물이자 멸종위기야생생물2급, 황조롱이보다 개체수가 적은 '새매'였다.

유튜브나 SNS에서 조금만 찾아봐도 이런 글들을 많이 볼 수 있다. 이렇게 사람과 인접한 도시에서도 멸종위기 종들이 사냥놀이로 죽거나 다치는 일들이 빈번하지만 더 큰 문제는 이런 멸종위기 종들의 번식지에서도 고양이 문제로 골머리를 앓고 있다는 것이다.

제주도에서 더 남쪽으로 내려가면 마라도라는 섬이 있다. 짜장면과 관광지로 익숙한 이 섬은 전 세계에 5천여 마리만 남아 있는 국제보호조 '뿔쇠오리'의 번식지로도 유명하다. 사람의 발길이 닿은 섬에는 어김없이 쥐와 고양이가 살고 있다. 배를 타고 따라 들어온 쥐들이 섬에 들끓으니, 이 쥐를 잡기 위해 사람들은 고양이를 데리고 왔다. 쥐와 고양이들은 섬에 살고 있는 새들에게 피해를 준다. 고양이는 사냥을 하고 쥐는 알이나 아기 새를 잡아

먹는다. 문화재청은 독도와 마라도 같은 천연보호구역에서 쥐 퇴치 작업에 나섰다. 하지만 고양이에 대해서는 대응을 하지 못하고 있다. 마라도는 고양이 수가 꾸준히 늘어 100여 마리가 되었다.

동물보호단체에서 중성화를 진행했지만 중성화된 고양이들은 다시 마라도에 풀어졌다. 결국 뿔쇠오리들이 번식을 하러 마라도 땅에 도착하자마자 고양이들에게 사냥을 당하기 시작했다. 문화재청은 고양이 40여 마리를 포획해 제주도 세계자연유산센터로 보냈다. 효과가 있었을까? 유튜버 새덕후에 따르면 마라도에는 아직도 50여 마리의 고양이가 남아 뿔쇠오리를 사냥하고 있다.

문화재청은 2차 포획 일정을 계획하였으나 동물단체와의 갈등으로 진행을 하지 못했다. 동물단체의 주장은 '고양이가 뿔쇠오리를 사냥한다는 근거가 부족하다,' '고양이 반출은 곧 고양이의 몰살이다' 등이었다. 비슷한 일이 전국 곳곳에서 벌어지고 있다. 포획한 고양이를 죽이는 것이 아닌데도 이런 논쟁이 오가는 사이에 말 없이 사라져가는 뿔쇠오리를 생각하면 안타까울 따름이다. 전 세계에 4억 마리 가까이 있는 고양이와 5천여 마리만 남은 뿔쇠오리

중 누가 더 보호를 받아야 하겠는가.

 동물이 다른 동물을 사냥하는 것은 자연스러운 일이다. 거기에는 옳고 그름이 없다. 내가 걱정하는 것은 사냥이 아니라 멸종이다. 인간의 개입으로 특정 종이 자연 상태에 비해 많아지고 그것이 다른 동물들의 멸종으로 이어진다면, 인간에게는 그것을 원상태로 되돌려놓을 책임이 있는 것 아닐까?

 동물을 좋아한다고 해서 모든 동물을 좋아해야 하는 건 아니다. 그럴 수 없음을 안다. 하지만 균형적인 시각으로 동물보호에 임해야 내가 좋아하는 동물을 지킬 수 있다.

 고양이에 의해 수많은 토착 생물이 멸종위기에 처한 호주나 일본은 고양이와의 전쟁을 선포하며 살처분이라는 다소 과격한 대응을 취하기도 했다. 고양이에 의한 생물의 멸종 사례가 늘어난다면 언젠가 우리나라에서도 이런 일이 일어날까 봐 두렵다. 고양이 집사이자 고양이를 너무 사랑하는 사람으로서 길고양이들이 안전하고 세심하게 보호받기를 바랄 뿐이다.

하트시그널, 관심의 힘

2019년 12월을 앞두고 SNS를 통해 메시지가 한통 왔다.

"혹시 〈하트시그널〉 3에 출연할 의사가 있으신가요? 관심이 있다면 000-0000-0000으로 연락 주시면 자세한 사항에 대해 알려드리겠습니다."

뜬금없는 메시지였다. 이런 섭외 연락을 받아본 주변 사람들에게 당시에 어떤 기분이 들었냐고 물어보면 항상 같은 대답이었다.

'저 명함이 진짜일까?'

나도 이 생각만 했다. 워낙에 사기꾼들이 많은 세상이지 않은가. '난 떼먹을 것도 없는데 어쩌다 이 사람은 나한테까지 오게 되었을까' 이런 생각들? 명함에 적힌 전화번호로 전화를 걸면 해외로 결제가 되지는 않을까 걱정하며 네이버에 '하트시그널 사기'를 검색해보았다. 다행히 그런 사기 사례는 안 보였다. 그래도 전화는 무서우니 문자로 연락을 보냈다. 연락처의 주인은 〈하트시그널〉 담당 작가라고 자신을 소개했다. 100% 믿을 수는 없지만 걱정을 더 한다고 달라질 건 없었다.

미팅 약속을 잡았다. 실감이 되자 갑자기 걱정이 몰아치기 시작했다. 요즘 MBTI를 이야기하면 사람들이 지루해한다고 하지만 쉽게 설명하면 나는 '대문자 N'이다. 대문자 N들은 정말 밑도 끝도 없이 일어나지도 않은 일에 대해 상상하고 걱정하고 또 즐거워한다. 나는 이 N의 성향이 극단적으로 강하다. 아니 어쩌면 나는 N이라기 보다는 그냥 겁쟁이인 것 같기도 하다. 참 웃기다.

작업을 하다 쉬는 시간에 문득 이런 생각을 한다.

'지금까지 찍은 방송들은 출연료가 없거나 짰는데 이건 출

연료는 있으려나? 출연료를 안 주면 어쩌지? 한 달간 촬영이면 작업이 많이 밀릴 텐데. 하지 말까?'

저녁식사 후 양치질을 하다 말고는 '지금 개구리 200개씩 칠하는 것도 힘든데 2천 개씩 팔리면 어쩌지? 공장을 만들어야 하나? 돈은 대출을 받아야 하나? 대출이 나오려나?' 같은 생각이 꼬리에 꼬리를 문다.

말도 안 되는 상상들을 매일 반복했다. 무익한 시간이었다. 좋은 상상과 나쁜 상상을 오가며 출연에 대한 고민을 했다. 하지만 가장 큰 고민은 따로 있었다. 이 방송 하나로 내가 하려고 하는 일, 잊혀져가는 동물을 알리고자 하는 이 일에 대한 본질이 흐려지면 어쩌나. 또 작업과 관련이 없는 연애 예능 프로그램에 나온 비전공 예술인에 대한 시선도 달갑지 않을게 분명해 보였다.

고민에 빠져 있던 어느 날 오랜만에 외할머니로부터 전화가 걸려왔다.

"의동이나?"
"어, 할머니~ 잘지내??"

"그래, 엄마한테 전화하라고 해라."
"뭐야, 그 말 하려고 전화했어? 손주는 어떻게 사는지 안 궁금해?"
"궁금하지. 그래, 손주는 요즘 뭐하고 지내나. 취직 준비 하나?"
"취직 안 할 거라니까~ 아니, 할머니 나 방송 나갈까?"
"연예인 할 거나?"
"아니야 무슨 연예인이야."
"방송이든 뭐든 기회가 오며는 다 해봐라. 좋든 싫든 다 도움이 된다."

맞는 말이었다. 어쨌든 다 도움이 될 텐데. 제작진에게 연락을 했다.

"나가겠습니다."

제작진과 몇 번의 미팅을 끝내고 출연이 확정되었다. 이왕 나가게 된 거 운명의 상대가 있으면 좋겠다. 설레는 마음을 안고 기다렸다.

대망의 첫 촬영일이 되었다. 나름 카메라 앞에 많이 서보고 사람들 앞에도 많이 서봤기에 긴장을 안 할 줄 알았는데 오산이었다. 얼마나 긴장이 되던지 시그널하우스로 가는 길 내내 운전대를 잡은 두 손이 덜덜 떨렸다.

촬영이 시작되었고 처음 보는 사람들이 하나둘씩 들어왔다. 20대 후반에 새로운 인연들과 새로운 추억을 쌓을 준비가 끝났다. 촬영을 시작하고 일주일 정도는 처음 겪는 일들에 정신이 없었다. 데이트를 하거나 밖을 나서면 카메라 감독님과 작가님, 피디님들이 따라 나왔다. 물론 처음에는 어색하고 힘들었지만 시간이 좀 지나니 의식하지 않을 수 있게 되었다. 사람들이 정말 연기가 아닌지 많이 궁금해한다. 연기를 그 정도 하면 연기자가 되었을걸.

〈하트시그널〉 촬영을 기점으로 인생이 좋은 방향으로 달라졌다. 전혀 다른 직업군의 사람들을 만나면서 세상을 보는 눈이 넓어졌다. 코로나19로 당장 내일이 어떻게 될지 알 수 없어 힘들어하던 시기에 심리적으로나 환경적으로 큰힘이 되어준 것도 사실이다.

방송이 끝나고는 이전엔 상상도 할 수 없었던 큰 관심을 받게 되었다. 너무 감사했지만 불편한 점도 많아졌다.

가족들이랑 자주 가던 양평 두물머리에는 한동안 갈 수가 없었다. 자주 가던 식당도 못 가게 됐다. 〈하트시그널〉의 인기가 실감되었다.

관심과 욕은 양의 상관관계를 보였다. 한쪽에서 관심을 많이 받으면 반대쪽에서 그만큼 욕을 들었다. 이메일과 블로그, SNS 메시지 함은 내 생김새에 대한 원초적인 비난부터 행동이나 성격에 대한 훈수로 가득 찼다. 한번은 내 차에 돌을 던지는 대학생 한 명을 잡았다. 술을 마시며 왜 그러는지 물어보았다. 그냥 어린 마음에 철없는 행동을 한 거라고 이해하고 허심탄회하게 이런저런 이야기를 나누고 기분 좋게 헤어졌다.

다음날 커뮤니티에 그 친구가 내 욕을 썼다. 화가 나지 않고 웃음부터 터졌다. 예상을 뛰어넘게 어이가 없으면 웃기는 지경에 이른다. 방송이 나갔던 20년도부터 4년이 지난 지금까지 쉬지 않고 꾸준하게 욕을 보내는 친구도 있다. 보통 2,3일에 한 번씩 찾아오고 늦어도 한 달을 넘기는 일은 없다. 이제는 연락이 안 오면 걱정까지 된다. 무슨 일이 생겼나, 날 잊었나.

내가 방송에 나간 뒤로 주변에 다른 연애 프로그램에 섭

외를 받는 친구들이 많이 생겼다. 실제로 출연을 한 친구도 있다. 다들 만족스러워하지만 단 하나 욕을 듣는 부분에서만큼은 많이 힘들어한다. 요즘은 주변에 출연 제의를 받은 친구가 생기면 내가 받은 욕들을 보여준다. "감당 가능하면 출연해."

그럼에도 불구하고 〈하트시그널〉이 내게 준 것을 생각하면 이러한 불편함 정도는 기쁘게 감수할 수 있는 수준이었다. 사실 방송 이후에 내 상황이 드라마틱하게 바뀐 건 아니었다. 다시 작업실에 돌아와 작업과 고민을 반복하는 일상이었다. 유일하게 달라진 것이 있다면 사람들의 '관심'이었다. 하는 일 마다 달려와 응원해주시는 분들이 생겼다. 내 일에 흥미를 갖고 있는 사람들이 있다는 것만으로도 위로와 자신감을 얻었다. 덕분에 작은 멸종위기 동물들을 조금이라도 더 많이 알릴 수 있었다. 그 힘으로 코로나19 시기에 포기하지 않고 버틸 수 있었다.

사람을, 생명을 살리는 데는 큰 것이 필요한 게 아니다. 작은 관심이면 충분하다. 상황이 변한 게 없어도 누군가가 나에게 관심을 준다는 사실만으로도 살아갈 힘과 생명력을 얻는다. 잊지 못할 겨울, 기대했던 하트 시그널을 받지는 못했지만 많은 사람들의 응원이 나의 마음에 하던 일을 힘내서 계속 해보라는 신호를 주었다.

그만둘까?

코로나19가 장기화되면서 '우리가 멸종하겠다'라고 우스갯소리로 했던 말이 현실로 다가오고 있었다. 수익이 너무 줄어 다들 모아둔 돈을 써가며 삶을 이어나가야 하는 상황이었다. 이렇게 수입이 없는 기간이 언제까지 지속될지 알 수 없었다. 얼마나 기다려야 안정적인 수입이 생길지 감을 잡을 수 없어 다들 불안해했다.

힘들어하는 팀원들을 보면서 '내가 가장이 되어야겠다'라고 마음을 먹었다. 방송 출연 이후에 나를 찾아주는 사람이 늘었다는 것이 유일한 탈출구로 보였다. 원데이 클래스를 늘리고 김 대표와 강 작가가 제작한 모형들을 사용했다. 큰 금액은 아니지만 조금이라도 도움이 되기를 원했다. 우린 멸종되면 안 되니까. 살아야만 했으니까.

조형 외에도 다른 살길이 있을지 생각하기 시작한 것도 이때쯤인 것 같다. 한 가지 직업만으로는 내 주변 사람들을 도와줄 수가 없겠다는 생각이 들었다. 몇 백만 원씩 기부를 하던 것도 그만두었다. 당장 내 미래가 불확실해지니 전부 의미가 없게 느껴졌다. 돈이 생기면 무작정 모았고 팀원들과 나누었다.

코로나 때 미술업계는 아트테크 열풍이 불면서 굉장히 분위기가 좋았다. 옆에서 지켜보는 우리는 부러운 마음뿐이었다. 순수미술에 관심을 가지고 공부도 해보았다. 평소였다면 관심을 안 가졌을 것 같은데 이때는 힘들다 못해 죽을 것만 같아서 다들 돈이 된다면 무엇이든 할 준비가 되어 있었다. 그러나 순수예술은 순수하게 해야지 이렇게 쫓기는 마음으로 하는 건 아닌 것 같았다.

돈 걱정이 생기니 안 하던 작업도 하기 시작했다. 주로 다른 작가의 모형에 색을 칠해주거나 이미 색이 칠해져 있는 피규어에 다른 색을 입히는 작업 의뢰들이었다.

그러던 중 카멜레온 원형의 색칠 의뢰가 들어왔다. 재미있는 작업이 될 것 같았지만 작업비에서 합의가 되지 않아 못하게 되었다. 저렴하게 해달라는 요청이 종종 있는데, 내 작품을 판매할 때나 이런 의뢰 작업일 때나 항상 대답하기 곤란하다.

오롯이 손으로 해야 하는 일이다 보니 작업 기간이 길다. 작업비를 작업시간으로 나누면 최저시급에도 못 미치는 경우도 많다. 그뿐만 아니라 결과물의 퀄리티가 아주 중요한 일인데 비용이 낮으면 퀄리티가 낮아질 수밖에 없다. 적당한 가격에 적당한 퀄리티의 작업을 하는 것은 원치 않았다. 대체로 이런 이유로 작업이 불발되는 경우가 많았다.

카멜레온 작업이 불발된 그날도 작업을 끝내고 하루를 마무리하려는 참이었다. 강 작가가 우리가 활동하는 온라인 커뮤니티에 논란 글이 있다고 이야기를 해주었다.

'오늘은 또 무슨 재밌는 일이 있을까나.'

글을 읽다 보니 내 이야기였다. 이메일로 이야기를 나누었던 그분이다.

"아마추어 작가가 가격도 너무 비싸고 말도 나쁘게 하더라."

여러 가지 생각이 들었다.

'아마추어의 기준이 무엇인가? 가격이 비싸다는 기준은 소비자 입장에서만 생각한 것 아닌가? 내가 말을 나쁘게 했나?'

나도 사람인지라 감정에 휘둘리고 있었다. 속상했다. 내가 인정을 받고 못 받고의 문제가 아니었다. 내가 몸담은 이 시장은 소비자들이 생각하는 게 다르구나. 우리가 만드는 건 작품이 아니라 가성비를 따지는 상품이구나. 받아들여야 한다는 생각이 들었지만 마음은 그렇지가 못했다. 나도 카멜레온처럼 주변 환경에 따라 자유자재로 색을 바꾸며 사는 게 맞는 걸까?

물론 대형 회사들이 대량으로 생산하는 작업물도 많다 보니 전혀 이해를 못하는 건 아니다. 하지만 가성비라는 단어를 개인 작가한테까지 들이밀기 시작하면 나 같은 개인 작가들은 떠나게 된다. 아마 수많은 작가들이 그렇게 떠났을 것이다.

 댓글로 나인 걸 밝히고 사건의 발단에 대해 내 솔직한 생각을 소신껏 적었다. 후련하면서도 허했다.

 '그만둘까?'

 이런 일이 한두 번 있는 것도 아니고, 또 별일 아니었기에 그냥 넘길 수도 있었겠지만, 조형작업에 대해 잘 모르는 사람이 무심코 한 말이 아니라 현실을 뻔히 아는 사람이 이런 말을 하니 더더욱 무겁게 다가왔다.
 '현타가 온다'라는 말이 너무 잘 어울리는 날이었다. 어떻게든 버티기 위해, 멸종하지 말자며 팀원들과 아득바득 힘내고 있었는데, 이런 작은 일 하나가 의욕에 찬물을 끼얹었다.
 그날 밤 쉽게 잠이 들지가 않았다. 침대에 누워 한참을 생각했다. 앞으로 내가 더 성장해 정당한 가치를 인정받고야 말겠다고 다짐했다. 이대로 멸종할 수는 없다. 내가 길을 잘 닦아서 같은 일을 하는 작가들과 후배들이 정당한 가치를 인정받을 수 있도록 도움이 되고 싶었다. 이 직업이 남들에게 선망의 대상이 되게 하고 싶다. 서른이 넘었는데, 이것 참 할 일이 계속 생긴다.

살쾡이가 아니라 상괭이요

 방송이 끝나고 감사하게도 많은 브랜드에서 협업 제의가 왔다. 끌리는 제안이 한 가지 있었는데 멸종위기 동물을 주제로 하는 의류 브랜드와의 협업이었다. 취지가 좋아서 큰 고민 없이 협업을 진행하기로 했다. 브랜드에서는 어떤 동물을 선정하면 좋을지 물어보았다. 나는 며칠을 그 고민에 빠졌다. 해양생물을 고를까, 육상생물을 고를까? 해양생물을 하면 또 어떤 동물을 해야 할까? 생각하다 보니 일전에 상괭이를 작업한 기억이 떠올랐다.

 "상괭이는 어떤가요?"
 "살쾡이요?"

다들 상괭이가 무엇인지 모르는 눈치였다. 상괭이는 우리나라 연안에서 서식하는 작은 고래의 일종이다. 우리나라에서 가장 많이 혼획되는 고래이기도 한데, 2012년도부터 10년간 그물에 혼획된 상괭이가 8천 마리가 넘는다고 한다. 어마어마한 수인데 이마저도 제대로 기록이 안 되어 있어 실제로는 더 많은 상괭이가 혼획되었을 것이라고 한다. 이제는 서해에서 상괭이 약 1만여 마리만이 남은 걸로 추정된다. 2000년대 초에 3만 6천 마리가 서식한다고 기록되어 있으니 불과 20년 만에 3분의 2가 사라진 것이다.

전 세계에서 우리나라 연안에 가장 많이 서식한다고 알려져 있는 고래. 한강과 금강에서도 보일 만큼 흔했던 이 고래를 이름조차 모르는 사람이 많다는 사실이 안타까웠다. 더 많은 사람에게 상괭이의 이름을 알리고 싶었다. 무조건 상괭이로 하자고 우겼다. 어차피 수원청개구리나 물두꺼비 같은 양서류로 작업을 하자고 우겼어도 받아들여지지 않았을 것 같다. 다행히도 상괭이는 귀엽게 생겨서 디렉터들도 좋아해주었다.

본격적인 작업에 들어갔다. 조형이 아니라 옷에 일러

스트를 넣는 작업은 오랜만이어서 어색했다. 상괭이의 어떤 모습을 보여주어야 반응이 좋을지, 상괭이의 특징을 잘 살릴 수 있을지 고민했다. 상괭이를 정면에서 보면 입 꼬리가 올라가 있어 마치 웃는 모습처럼 보이는데 덕분에 '웃는 고래'라는 별칭을 가지고 있다. 이런 정보들을 메모해서 브랜드와 소통했다.

'웃는 고래'라는 콘셉트가 반응이 좋아 이 이름을 잘 사용해보자는 의견이 나왔다. 그렇게 프로젝트 이름 자체가 '웃는 고래'로 바뀌었다.

Smiling Whale Project. 이 프로젝트 명에 어울리게 귀여운 느낌으로 그림을 그렸다. 더 귀엽게 더 귀엽게! 일러스트가 귀엽게 나오는 것에 집착했다. 조금 더 귀여우면 사람들에게 친근하게 알려질 수 있을 거라는 생각이었다. 다행히 협업이 순조롭게 잘 진행되어 귀여운 상괭이가 그려진 맨투맨과 니트와 굿즈들이 만들어졌다.

이 협업을 하면서 브랜드 담당자들과 많은 미팅을 가졌다. 그렇게 디자인에 대해, 또 상괭이에 대해 긴 이야기를 나누게 되었다. 한번은 이야기를 하다가 '우리나라에서 상괭이 보호를 안 하냐'는 질문을 받았다. 당연히 상괭이는 멸종위기 보호종이고 우리나라 정부는 물론 세계적으로도 보호하고 있다고 대답해주었다. 하지만 멸종 원인의 큰 비중이 사람에게 있는 상괭이 같은 동물들은 보호종으로 지정해 보호 활동을 하더라도 한계가 있다는 말도 덧붙였다.

상괭이 죽음의 가장 흔한 경우는 어부의 그물에 갇혀 숨을 쉬지 못해 익사하는 것이다. 포유류이기 때문에 일어나는 참사다. 이렇게 그물에 혼획되어 많은 상괭이들이 죽는다. 상괭이 혼획의 70% 이상이 안강망(긴 주머니 모양의 통그물)에서 발생한다. 안강망 사용을 금지하면 해결될 일처럼 보이지만 그 뒤에는 안강망을 사용해 생을 이어가는 어민들이 있다. 단순한 문제가 아니다.

안강망의 구조를 바꾸어 상괭이 같은 고래들이 빠져나갈 수 있게 그물을 만들어야 한다는 환경보호단체의 건의도 있었다. 안타깝게도 거센 반대에 부딪혔다. 그물과 장비를 전부 바꾸어야 하는 번거로움과 비용 문제가 첫 번째 이유였고, 구조 변화로 어획량이 감소할 수 있다는 우려가 두 번째 이유였다. 환경단체와 어민들 중 누구의 목소리가 더 셀까. 당연히 어민들이다. 그들에겐 생업이 달린 일이다.

나도 동물을 사랑하지만 언제나 동물보다 사람이 우선이라고 믿는다. 동물을 살리자고 사람이 희생해야 한다고는 생각하지 않는다. 하지만 조금 더 노력하면 공멸이 아니라 공생을 할 수 있음에도 불구하고 그마저도 타협이 안 되는 것은 안타까울 때가 있다. 이렇게 가다간 상괭이라는 종이 있는지도 모르다가 어느 날 갑자기 멸종했다고 하는 뉴스를 접할 거다. 지금 당장은 있으나 없으나 삶에 큰 차이가 없어 보이는 동물들일지 모르지만 그렇게 하나둘씩 사라지다 보면 인간도 사라지는 줄에 서게 될 것이다.

결국 소리를 많이 내야 한다. 우리가 상괭이라는 종의 이름을 알고 조금만 관심을 가진다면 결과가 바뀔 수도 있다. 여기저기서 상괭이 이야기들이 들려오고, 상괭이에 대한 국민청원, 상괭이 보호를 위한 활동들이 점차 많아지면 자연스럽게 이해당사자들도 인식이 바뀌고 마음이 열릴 거다. 그렇게 타협점을 찾아가면서 조금이라도 멸종을 늦추거나 막으면 된다. 시간을 내서 어떤 활동을 하는 것이 아니라 약간의 관심을 가지는 게 별것 아닌 것 같지만 다른 결과를 만들어낼 수 있다.

이런 이야기를 시작하면 항상 흥분을 한다. 미팅에서도 이 이야기로 30분간 열변을 토했다. 회의실에 적막이 가득해졌다. 죄송하다고 웃으며 잘 넘어갔다.

맨투맨과 니트 샘플이 나왔다. 피팅 사진 촬영을 위해 촬영장에 들렸다. 이때도 웃긴 에피소드가 있었다. 전날 목재에 토치 질을 하다가 옆머리에 살짝 불이 붙어서 머리가 타버린 것이다. 다음날 미용실을 들릴 시간이 없어서 집에 있던 바리깡으로 옆머리를 밀고 나갔다. 그렇게 구레나룻은 없고 뒷머리만 긴 꽁지머리 스타일로 촬영을 했다. 나중에 그 헤어스타일이 얼마나 거슬리던지. 지금도 숨기고 싶다.

내 헤어스타일과는 별개로 맨투맨은 반응이 좋았다. 역시 주인공은 내가 아니라 상괭이였다. 많은 분들이 상괭이에 대해 물어보았다. 관심을 가져주는 것에 가슴이 벅차올랐다. 하나하나 설명해드리려 노력했다. 진짜 알려지는구나! 기대했던 결과를 눈으로 직접 확인하는 것만큼 기분 좋은 일이 없다.

상괭이에 대한 관심과는 별개로 매출이 크지는 않았다. 매출의 일부를 기부하는 계획이 있었는데, 브랜드에서는 일정 금액이 달성되지 않아 힘들 거라는 연락이 왔다. 기분이 썩 내키지는 않았다. 이 프로젝트를 하면서 지키기로 한 약속인데 무를 수는 없었다. 협업으로 정산 받은 금액에 사비를 더해 나 혼자서 기부를 했다. 어떻게든 약속을 지켰다.

시간이 지나고 뉴스와 방송, 다른 브랜드에서도 상괭이에 대해 다루었다. 참 기분이 좋았다. 물론 내가 시작한 이 협업의 연쇄작용은 아닐거다. 하지만 그럴수도 있다는 생각하면서 기분 좋은 밤을 보내본다.

원 데이(ONE DAY)

 원데이 클래스를 시작한지도 벌써 몇 년이 지났다. 내가 진행하는 클래스는 내가 만들어놓은 모형을 함께 색칠을 해서 완성하는 색칠 클래스이다. 처음에 원데이 클래스를 시작한 계기는 일반 사람들에게 개구리 같은 작은 동물들을 칠하게 하면서 자연스럽게 이 동물에 대해 알려주고 소통을 하기 위해서였다.

 이 작은 동물들이 어디에 살고 어떻게 사라지는지를 알려주고 싶었다. 하지만 웬걸 생각보다 반응이 부정적이었다. 개구리 같은 작은 동물들이 징그럽다는 것이었다.

 "개구리, 도롱뇽보다는 같이 사는 우리 강아지를 만들어서 평생 추억하고 싶어요."

 어쩌겠는가. 원데이 클래스만을 위한 작업실도 따로 계약했는데 고객의 의견을 적극 반영해야지. 그렇게 나의 원데이 클래스는 '우리 집 반려동물 색칠하기'라는 콘셉트로 사람들에게 알려졌고, 점점 많은 분들이 참여해주었다. 덕분에 원데이 클래스 매출로 여러 동물복원 프로젝트에 기부도 할 수 있었다.
 반려동물 칠하기 수강생들은 늘 다양한 이야기를 가지고 왔다. 남자친구와 헤어진 시시콜콜한 이야기부터, 어머니가 돌아가셔서 힘들었던 이야기, 친구한테 사기 당해서 잡으러 다녔다는 이야기들. 이야기 나누는 걸 좋아하는 나에게는 시간이 가는 줄 모를 정도로 즐거운 시간이었다.
 그러다가 한 수강생을 알게 되었다.

 "자주 오시네요. 강아지들을 많이 키우나 봐요"
 "추억하고 싶어서요."

 추억하고 싶다는 말에서 그리움이 묻어났다. 나는 키우

던 강아지들이 무지개다리를 건넜다고 지레짐작했다. 말수가 적은 그녀의 이야기는 네 번째 수업 때 듣게 되었다.

"사실 강아지들 임시 보호하는 일을 하고 있어요."

보호소에서 안락사를 앞두고 있는 강아지들을 집으로 데리고 와서 짧게는 2개월 길게는 6개월 정도 맡아주고 있다고 했다.

"이렇게 하면 강아지들이 당장 안락사를 피하고 조금이라도 더 살 수 있으니 그만큼 보호자를 만날 확률이 커지거든요. 제가 회사원이 아니었다면 한 마리 한 마리 전부 분양하고 싶어요."

그 마음씨가 참 예뻤다. 원데이 클래스에 오는 이유는 자기를 거쳐 간 모든 강아지를 추억하고 싶어서라고 했다.

"사진도 있고 영상도 있고, 이 모형은 그런 추억이 담긴 여러 가지 소품 중 하나에 그치지 않지만, 색칠하는 두 시간 동안은 온전히 그 친구들을 추억할 수 있어요."

이 말이 얼마나 기분이 좋던지. 내가 진행하는 이 수업이 누군가에게는 이렇게 의미 있는 시간이 될 수도 있구나. 소동물을 색칠하는 수업을 중단한 것이 내심 아쉬웠는데 그런 아쉬움이 싹 사라졌다. 말없이 색칠에만 열중하고 있던 장면이 이해되었다.

이렇게 마음씨 좋은 사람을 만나면 감동을 받는다. 작게나마 도울 수 있는 일을 하고 싶어져서 그녀와 간단하게 커피를 마시며 이야기를 나누었다. 이야기를 나눌수록 멋지다 못해 아름답다는 말이 어울리는 사람이라는 것을 알게 되었다. 나 자신도 나름 기부를 많이 하면서 살아왔다고 생각했는데 그녀 앞에선 명함도 못 내밀 수준이었다.

나중엔 많이 친해져서 그 수강생의 남편과도 종종 술을 한 잔 기울이기도 했다. 친해져서인지 그 아름다운 마음씨에 감동을 해서인지, 클래스에서 고를 수 있는 모형을 강아지 위주로 더 추가했다. 그가 임시 보호로 맡았던 강아지 종들을 만들 수 있는 기회를 제공해주고 싶었다. 그리고 그가 부탁했던 작은 유기견 보호소 몇 군데에 사료를 기부했다.

사람들은 이런 작은 행동 하나가 얼마나 큰 변화를 일으키겠냐 하지만, 나는 반대로 묻고 싶다. 아무것도 안 하면 무슨 변화가 생기냐고. 자발적인 작은 실천들이 자연스럽게 전염되어서 쌓였을 때 변화가 나타나는 거라고 믿는 편이다. 정작 나조차도 한 사람의 실천을 보고 전염된 게 아닌가.

내가 원데이 클래스에서 작은 동물들 이야기를 하면서 빼먹지 않고 하는 이야기가 있다. 이름이라도 기억해주는 이 작은 행동 하나가 그 종의 멸종을 막을 수 있다는 것이다. 나는 큰 목소리보다 작은 행동들이 하나하나 모였을 때 더 큰 힘이 있다고 믿는다.

그와 이야기를 나누면서 시야가 넓어졌다. 보호의 대상이 야생동물로 한정되어 있었던 관점에 변화가 나타났다. 강아지와 고양이는 인간과 함께 진화해온 동반자적 존재다. 그렇기에 많은 관심과 사랑을 받는 것이 당연하다. 나는 이런 관심을 많이 받는 반려동물들이 아닌 관심 밖에서 사라져가는 동물들에게만 관심을 가지려했고 또 가져야한다고 말했다.

하지만 어디에나 그늘은 있었다. 외면당하고 사라져가는 강아지와 고양이들이 보이기 시작했다. 이들은 심지어 믿는 가족에게서 버림받은 상처를 품고 있었다. 이 귀엽고 사랑스러운 존재들이 안락사를 겪는 과정을 듣게 되면서, 개는 멸종위기 종이 아니지만 적어도 이 한 마리의 강아지는 멸종위기 동물들의 처지와 다를 바 없다고 생각했다. 어떤 동물이라도 소외되고 잊혀지면 사라진다는 걸 다시 한 번 되새겼다.

멸종이 집단의 일이라면 소멸은 개별 존재의 일이다. 단위만 다를 뿐 같은 현상인 것이다. 그 뿌리는 같다. 무관심과 무책임이다.

내가 운영하는 원데이 클래스에서 만난 그에게 오히려 내가 더 많은 것을 배웠다. 내 인생에 커다란 선물을 준 그는 2년 전에 아주 먼 나라로 떠났다. 거기서는 그간 같이 시간을 보냈던 강아지들과 행복하게 살고 있을 거다. 많은 이야기를 해주어서 감사하다는 말을 하고 싶었다. 이 글을 통해 마음을 전해본다.

"거긴 어때? 거기서도 행복하길 바래."

우리는 공존할 수 있을까

하루는 야생동물 사진을 찍는 작가님들과 동물원에 갔다. 즐겁게 관람을 하다 말고 갑자기 토론이 시작되었다. 사건의 발단은 호랑이사 앞을 지나면서 나온 이야기. "우리나라 산에도 호랑이가 뛰놀았으면 좋겠다"라고 이 작가님이 가볍게 던진 이야기에 고 작가님이 반론을 들었다. "나는 반대다. 호랑이 같은 대형 육식동물이 우리나라 땅에 있으면 내가 하고 있는 이 일을 못하게 될 거다. 등산객이 다치거나 죽을 수 있고, 여름에 계곡에 갔다가 다리 하나 잃을 수도 있다."

우리 민족을 상징하는 동물이 뭐냐고 하면 무엇이 떠오르는가? 나는 호랑이와 표범이 떠오른다. 어릴 적 책에서 본 호랑이 사진이 눈앞에 선명하다. 많은 분들이 표범은 의아하게 생각할 수 있다. 표범 이야기는 뒤에서 이어서 하기로 하고, 대부분의 사람들이 우리 민족을 상징하는 동물이 호랑이라는 것에는 이견이 없을 거라 생각한다.

예로부터 호랑이는 우리 민족과 함께 한반도에서 동고동락한 이웃임과 동시에 우리를 지켜주는 산신이었다. 예로부터 전해지는 이야기들이나 민화속의 호랑이들을 보면 우리 조상들은 호랑이를 무서운 존재이자 친근한 존재로 여겼다는 걸 알 수 있다.

근데 까치와 호랑이 그림의 호랑이 무늬를 보면 뭔가 이상하다. 호랑이라면 줄무늬를 가지고 있어야 하는데 그림 속 호랑이는 동글동글한 매화무늬가 선명하다. 이는 선조들이 호랑이와 표범을 구분하여 부르기보단 '범'이라는 이름으로 통칭한 데에서 비롯된 것이다. 범이라고 하면 오늘날 우리는 호랑이만을 떠올리는 경향이 있지만, 사실은 표범을 비롯해 다양한 대형고양이과 동물들을 통칭하는 단어였다.

　기원전 9,000년경부터 한반도에 살았던 호랑이는 이 땅의 터줏대감이었다. 이 터줏대감과 인간은 고려시대까지 대체로 평화적으로 지냈다. 살생을 금한 불교의 영향도 컸지만 한반도 대부분이 미개척 땅이었기에 호랑이와 인간이 마주칠 일도 드물었다. 하지만 조선시대에 들어서면서 호랑이와 인간은 본격적으로 부딪히기 시작했다. 조선의 농업장려 정책은 더 많은 농민과 농지를 필요로 했고, 더 많은 농지를 개간하기 위해 인간은 들과 숲 그리고 산으로 들어갔다. 호랑이의 영토로 말이다.

사람들은 가축을 지키기 위해, 또 자신들의 목숨을 지키기 위해 호랑이들을 죽이기 시작했다. 그렇게 조금씩 호랑이는 한반도에서 살 곳을 잃었다. 1921년 경주의 대덕산에서 우리나라의 마지막 호랑이가 죽었다. 100년도 더 된 이 기록이 우리나라 호랑이의 마지막 공식 기록이다. 지금도 많은 사람들은 어딘가에 야생 호랑이가 살아 있을 거라 믿고 있다. 한반도는 거대한 백두대간에서 뻗어 나온 수많은 산과 구릉지들로 덮여 있다. 그만큼 사람의 발길이 닿기 어려운 깊은 골의 숲이 많다. 그렇다 보니 호랑이가 있다고 믿는 사람들은 깊숙한 숲속에서 야생 호랑이가 명맥을 이어가고 있을 거라 말한다.

그렇다면 표범은 어떨까? 사실 우리나라에는 호랑이보다 표범의 수가 훨씬 더 많았다. 외국에서는 우리나라를 '표범의 나라'라고 부르기도 했다. 나는 이 사실을 어릴 적 책을 보고 알게 되었다. 우리나라의 마지막 표범이었던 '한표.' 이 표범의 흑백사진이 아직도 기억에 생생하다. 한표는 1962년 경남 합천의 오도산에서 포획된 젊은 수컷 표범으로 11년간 갇혀 지내다 1973년 창경원에서 죽었다.

우리 땅에 표범이 있었다는 사실을 모르는 사람들도 많지만 한표가 잡혔을 당시 온 나라가 떠들썩했다. 한표는 우리나라 야생에서 잡힌 마지막 표범으로 기억되고 있지만 사실 그 전후에 많은 수의 토종 야생 표범이 포획되었다. 1960년 진주에서 잡힌 표범부터 시작하여 1970

년 경남 함안까지 공식, 비공식 기록들을 모아보았을 때 열 마리 정도의 표범이 몰살된 것으로 보인다. 지리산 줄기에서 명맥을 이어가던 마지막 한국 표범 무리가 전부 잡힌 것이다.

마지막 잔존 개체들이 겨우 살아 있었을 1960년대에는 이를 보호한다는 개념 자체가 전무했을 것이다. 단순히 횡재를 안겨줄 수 있는 들짐승일 뿐. 표범은 이렇게 제법 최근까지 우리 곁에서 살아 숨 쉬었다. 전문가들은 이 땅에 대형 고양이과 동물이 남아 있다면 호랑이보다는 표범이 남아 있을 가능성이 더 크다고 말한다.

다시 처음의 대화로 돌아가서, 고 작가님이 다시 한 번 입을 열었다. "그럼 그 땅은 어떻게 선정을 할 거냐. 선정을 해도 문제다. 그 선정한 땅에서 삶을 이어가고 있는 사람들은 어쩔 거냐."

이 말도 맞다. 나나 혹은 주변 사람이 해를 입는다고 생각하면 이야기가 달라진다. 그렇기에 호랑이와 표범의 복원에 대한 이야기는 동물을 좋아하는 사람들 사이에서도 뜨거운 감자다.

이 포식자들은 사람에게 위험한 존재가 맞다. 하지만

이 땅의 모든 것이 우리 인간의 것은 아니다. 우리가 산 몇 곳과 계곡 몇 곳 못 간다고 죽는 건 아니지 않은가. 남의 집 침범하지 않듯이 어떤 산은 사람이 아니라 호랑이와 표범이 주인이라고 생각하고 그 땅에 들어가지 않으면 된다. 그런다고 우리에게 피해가 되는 게 뭐가 있나. 러시아의 표범의 땅을 보면, 북극곰을 보면서 살아가는 허드슨 만의 주민들을 보면 사람과 범의 구역을 나누어 공존하는 것이 불가능하기만 한 일은 아니라는 생각이 든다. 물론 범들을 풀어놓기만 해서 될 일은 아닐 거다. 우리도 야생 동물을 존중하는 법을 배우고 또 때로는 스스로를 방어하는 방법도 배워야 할 것이다.

'동물들과 공존하려고 그만한 노력을 들여야 하나'라고 생각할 수도 있다. 많은 사람들이 그러할 것이다. 하지만 어쩌면 그러한 태도 때문에 인간들끼리도 점점 공존이 어려워지는 것은 아닐까? 이토록 지역 간, 세대 간 갈등이 심하고, 관계를 차단하고 고립되어 살아가는 사람이 이토록 많은 현실을 보면서 공존에 대해 생각하게 된다.

공존이 어려운 게 호랑이가 위험한 탓일까? 우리가 존

중하고 양보하는 마음을 잃어버렸기 때문은 아닐까? 이 글을 읽고 있는 당신의 생각은 어떤가. 이 땅에서 우리는 공존할 수 있을까?

3

멸종에서 살아남기

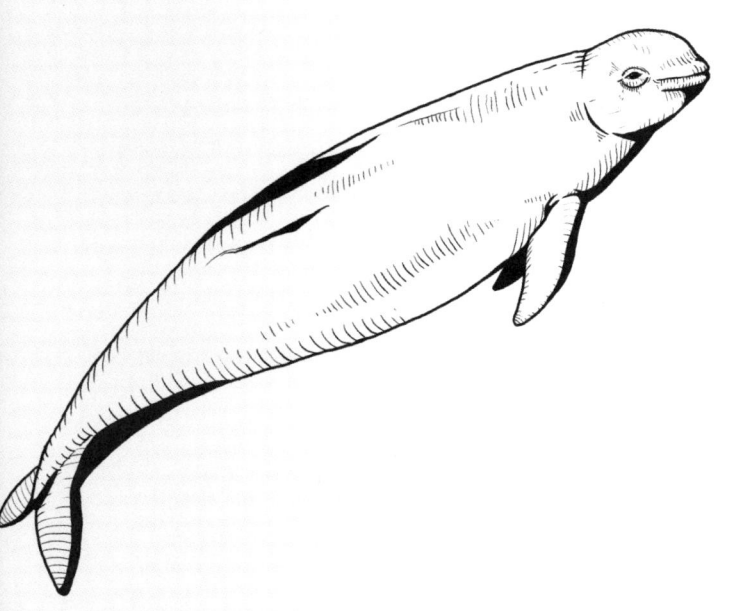

모든 존재는 사라진다.
하지만 소외된 존재는 더 빠르게 사라진다.
사라진다고 멸종이 되지는 않는다.
그러나 빠르게 사라지는 존재가 많아질수록
멸종에 가까워진다.

내면의 목소리

다시 봄이 돌아왔다. 팀 활동을 시작하고 3년이 지났다. 어김없이 컴퓨터를 키고 3D 모델링 작업을 시작했다. 공룡들을 박물관에 보내기 위해 우리는 팀으로 뭉쳤다. 빠르면서도 퀄리티가 높은 작업물을 만들어내느라 김 대표는 늘 분주했다. 시간을 줄이면서 퀄리티를 높인다는 건 모순이다. 두 마리 토끼를 다 잡겠다는 것과 같다. 하지만 김 대표는 그걸 해내는 사람이다.

나 역시 김 대표의 작업 방식을 익히고 거기에 적응해야 했다. 3D의 효율을 극대화하기 위해 기본 자세를 취하고 있는 공룡을 만든 다음, 그 공룡을 가지고 구체적인 자세를 잡는다. 뼈를 만들고 그 위에 근육을 붙인다. 또 그 위에 살을 덮으면 완성이다. 팀의 리더가 10년 동안 공부하고 시행착오를 겪으며 몸에 익힌 최적의 작업 방식. 김 대표는 이 방식을 권했고 우리는 따랐다. 이를 통해 효율성이라는 열매를 얻었지만 한편으로는 작업이 획일화되어갔다.

한 해 한 해가 지나면서 내 마음 속에 알 수 없는 갈증이 생겨나기 시작했다. 처음에는 원인을 알 수 없었다. 팀과 함께 작업을 하는 매순간이 즐거웠다. 분명히 재미는 있는데 무언가 문제가 있었다. 방송 출연 이후에 외부 미팅이 많아지면서 혼자 있는 시간이 늘어났다. 그때마다 생각에 잠기곤 했다.

'이 마음은 뭐지? 내가 팀에 불만이 있는 건가? 난 분명히 즐겁고 사람들도 좋은데.'

한동안 고민이 끊이지 않았다. 조금이라도 불만을 느꼈던 순간들이 있었는지 세세히 돌아보았다.

첫째, 팀원들과의 성향 차이. 사람들은 전부 다른 성격과 성향을 가지고 있다. 우리 역시 그랬고 그러한 차이는 작업 방식에서도 고스란히 드러났다. 추구하는 작업 방식이 제각기 다르니 각자 소소한 불만들이 생겼다가 사라지곤 했고, 크고 작은 마찰이 생겼다. 하지만 이것이 불만이라고 할 수는 없었다. 팀 활동에서 이런 수준의 마찰들은 없을 수가 없다는 걸 잘 알고 있었다. 게다가 마찰이 생기더라도 우리는 잘 해결해왔다.

둘째, 집과 먼 작업실? 내 집은 경기도 하남이었고 작업실은 시흥에 있었다. 김 대표와도 몇 번 상의를 했다. '집과 거리가 너무 멀어 매일 출근하기 힘들다.' 반면에 김 대표는 '서로 매일 보며 많이 가까워졌으면 좋겠다. 그러면 서로 더 믿을 수 있을 것 같다'라는 입장이었다. 매일 왕복 2시간 30분의 출퇴근을 몇 년째 하다 보니 나도 모르게 지쳐가고 있었다. 하지만 이 부분도 출퇴근 시간을 자유롭게 정하는 걸로 조정하였기 때문에 불만이라고 할 수는 없었다.

해답은 다른 곳에 있었다. 현재 상태에 불만이 있는 게 아니라 다른 것에 갈망을 느끼고 있었던 것이다. 바로 내가 하고 싶은 일, 처음에 내가 하려고 했던 일을 하고 싶다는 마음. 우리나라에 살고 있지만 관심을 받지 못해 터전을 잃어가는 작은 동물들을 만들고 알리는 일. 조형작업 자체도 나에게 중요한 일이었지만 이 일을 처음 시작할 때 품었던 작은 동물들을 알리겠다는 마음을 잊고 있었다.

공룡을 만드는 일도 멸종된 동물을 알린다는 측면에서 전혀 관련이 없다고 할 수는 없었지만, 내 눈에 아른거리는 것은 아직 멸종되지 않은 채 버티고 있을 작은 동물들이었다. 이 감정 때문에 조형작가가 되었다는 걸 잠시 잊었다.

처음 조형작가가 되었던 시기의 나는 어땠는지 돌아보았다. 사람들에게 잘 알려지지 않은 작은 동물들을 찾아보고 공부하고 만들고 있었다. 그 당시의 내 표정을 보니 제법 행복해 보인다.

'맞아, 이거 하려고 조형작가가 된 거였지?'

다시 우리나라의 동물들을 찾아보기 시작했다. 오랜만에 공룡이 아닌 소동물들을 만들어보았다. 가슴이 콩닥콩닥 뛰기 시작했다. 좋아하는 일을 할 때만 느껴지는 설렘이 있다는 걸 깨달았다. 역시 이게 정답이었다.

팀 작업실보다 개인 작업실에서 작업을 하는 시간이 많아졌다. 나만의 방식으로 다시 작업을 할 시간이 필요했다. 다시금 작은 개구리와 두꺼비들이 완성되었다. 색칠을 하고 작은 엽서를 제작해서 박스에 담았다. 그렇게 개인작들이 컬렉터들에게 전달되었다. 개인 활동이 늘어나면서 내 정체성을 찾아가는 듯했다. 팀을 나온 건 아니다. 여전히 많은 부분에서 공통분모를 가진 우리다. 팀 작업을 통해 많이 성장했고 앞으로도 같이 할 일들이 서로에게 도움을 줄 거라고 생각한다.

꿈꾸던 조형작가가 되었고 좋은 팀을 만나 굶어죽지 않고 재미있게 일하고 있었다. 오랫동안 나를 괴롭힌 그 미세한 불편함을 묻어두고 살 수도 있었다. 하지만 내 내면의 목소리를 무시하지 않고 귀를 기울이며 듣고자 했던 그 노력이 헛되지 않았다.

멸종의 시작점

 코로나 팬데믹이 한창이던 어느 날, 혼자 살던 60대 노인이 고독사했다는 기사를 읽었다. 가족과 연을 끊고 살아가던 노인이 코로나로 인해 이웃과도 단절되고 그렇게 쓸쓸히 생을 마감했다는 이야기가 건조하게 전해졌다. 아무도 모르게 마감하는 생이란 어떤 것일까. 상상해보아도 헤아릴 수 없을 것 같았다. 단지 너무 안타까운 마음만이 가득했다.

 가족이나 혹은 주변 사람들과 단절된 채 홀로 사는 사람들에게는 이만큼 무서운 일이 또 있을까.

 고독사에 관하여 기사를 더 찾아보았다. 20대 청년부터 80대 노인까지 여러 연령대에서 꾸준하게 고독사는 발생하고 있었다. 자신의 죽음을 예견하지 못한 채 다음날 먹으려고 사놓은 음식, 아들의 다음 방문 때 전해주기 위해 챙겨놓은 용돈이 주검 옆에 같이 발견된 것을 볼 때 코끝이 찡해졌다.

그들은 살고 싶었다. 같이 사는 가족이 있었다면, 자주 집에 놀러 올 친구가 있었다면, 이웃집과 자주 소통했다면 죽지 않았을지도. 아니 최소한 이렇게 주검이 되어서 장례도 치르지 못하고 몇 개월이나 방치되지는 않았을 것 같다.

고독사는 마치 동물의 멸종과 닮아 있었다. 2017년 환경부가 크낙새가 절멸했다고 공식 발표하고 멸종위기 종 목록에서 제외하기로 결정했다. 크낙새가 우리나라에서 멸종되었음을 선언한 것이다. 소셜미디어에서 사람들이 애도의 댓글을 달며 안타까움을 표했다.

사실 1993년 광릉에서 목격된 이후 공식적으로 크낙새가 발견된 적은 없었다. 그냥 어딘가에서 잘 살아 있겠지 하는 막연한 희망을 품고 기다렸을 뿐.

크낙새를 들어본 적이 있는가? 아마 거의 모든 사람이 모른다고 할 것이다. 크낙새는 천연기념물 제197호로 지정해 보호하고 있었던, 우리나라에서 가장 큰 딱따구리이다. 광릉 크낙새 서식지는 무려 1962년부터 천연기념물 제11호로 지정되어 관리되고 있다. 하지만 대부분의 사람들은 이 새에 대해 난생 처음 들어볼 거라 생각한다. 그건 잘못이 아니다. 그 누구도 얘기해주지 않은 것을 특별한 계기가 없이 스스로 알 방법은 없다.

마찬가지로 우리는 기사에 실린 김 아무개 할아버지의 이름을 모른다. 어디서 어떻게 살고 있었는지도 아무것도 모른다. 관심이 없으니까. 사실 관심을 가질 이유도 없는 게 맞다. 하지만 거기가 멸종의 시작점이다. 존재는 언제 사라지는가? 잊혀진 순간부터다. 한 사람 한 사람의 사라짐이 쌓이면 그것이 곧 멸종이다.

김 아무개 할아버지가 고독사 상태로 발견되었다. 김 아무개 할아버지가 살고 있는 동의 주민센터에서는 김 아무개 할아버지를 위해 고독사 예방 프로그램을 진행하고, 담당 공무원이 한 번씩 방문해 생사를 확인하고 이야기도 나누었다. 하지만 그게 마지막이었다. 다음 번 공무원 방문 날 김 아무개 할아버지는 주검으로 발견되었다. 나에게는, 개개인이 주변 사람에게 가져야 할 관심은 시스템이 대신 하는 데는 한계가 있는 것으로 여겨졌다.

 김 아무개 할아버지를 크낙새로, 고독사를 멸종으로 또 주민센터를 환경부로 바꾸어본다. 완벽히 들어맞는 것은 아니지만 의미상 크게 다르지 않다고 생각된다. 김 아무개 할아버지의 이야기가 크낙새의 이야기가 된다. 관심의 바깥으로 밀려난 존재가 사라지는 과정. 멸종과 고독사는 많이 닮아 있다고 생각이 된다. 사망은 멸종과 관련이 없다. 하지만 고독사는 어떤 부분에서 멸종과 유사하다.

 나는 소외되어 사라지고 있는 작은 동물들을 만들고, 또 알리고 싶다고 항상 말하고 다녔다. 작은 동물들을 나의 주제로 삼은 것도 그들이 소외되어 있다고 생각해서였다. 모든 존재는 사라진다. 하지만 소외된 존재는 더 빠르게 사라진다. 사라진다고 멸종이 되지는 않는다. 그러나 빠르게 사라지는 존재가 많아질수록 멸종에 가까워진다.

 난 이 동물들이 사라지는 게 싫었다. 근데 사람이라고 다를 게 없다는 생각이 머릿속에 들어왔다. 사람도 결국 동물이다. 우리도 소외된다면 언제든 사라질 수 있는 존재이다.

귀여움이 세상을 구한다

2016년, 그때까지 한국에서는 볼 수 없었던 판다가 에버랜드에 왔다는 소식을 듣고 곧장 달려갔다. 에버랜드에 간 건 10년 만의 일이었다. 동물조형을 같이 배우던 동갑내기 친구, 권해와 같이 갔다. 모태솔로였던 권해는 교복을 입은 연인들 사이에서 힘들어했다. 자기도 여자친구랑 에버랜드를 꼭 오겠다나 뭐라나. '판다랜드' 푯말을 향해 발걸음을 옮겼다. 저 멀리 판다랜드가 보이기 시작했다. 서둘러 보고 싶은 마음에 들어가려 했더니, 직원이 막아섰다.

"옆에 보시면 이렇게 줄서기를 하고 있어요."

옆에는 줄지어선 많은 사람들이 우리 둘을 따가운 시선으로 보고 있었다. 얼른 대기 줄 맨 뒤로 걸어가 줄을 섰다. 세상에, 동물을 보기 위해 줄을 서다니. 이제껏 내가 다녀본 동물원에서는 줄을 서서 관람을 한다는 건 상상할 수 없는 일이었다. 그만큼 많은 관심을 받고 있다는 것.

에버랜드에서 동시에 너무 많은 사람들이 들어오지 못하도록 한번에 관람할 수 있는 인원수에 제한을 두었고 몇 분의 시간 동안만 관람을 할 수 있었다. 이 또한 동물원에서 처음 경험해보는 '선진 시스템'이었다. 관람객 입장에선 쾌적해서 좋고 동물 입장에서도 너무 많은 스트레스를 받지 않아 일석이조였다. 이거 제안한 사람 칭찬받아야 한다. 그렇게 1시간 정도 줄을 섰던 것 같다.

드디어 입장. 한쪽에서 생전 처음 보는 판다가 앉아서 대나무를 씹고 뜯고 즐기고 있었다. 판다는 여러모로 신기한 동물이다. 식육목이 풀을 뜯고 있는 모습이 흥미로웠고, 희고 검은 털도 신기했다. 그렇게 30분 정도 판다라는 존재에 빠져 판다만을 응시했다.

몇 년의 시간이 흘러 에버랜드에 아기 판다가 태어났다는 기사를 읽었다. 아기 판다의 이름은 그 유명한 푸바오였다. 에버랜드에서는 경사가 났다고 말을 전하고 있었다. 기사 속의 아기 판다가 참 귀여웠다. 이렇게 전 세계에 판다가 한 마리 늘었다.

원래 자이언트판다는 멸종위기 종이었다. 1900년대 초 무렵에는 야생개체가 겨우 2~300마리만 남았었다고 알려져 있다. 하지만 100년 이상이 지난 지금 판다는 '멸종위기' 등급에서 한 단계 내려온 '멸종취약' 등급으로 분류되어 있다.

판다는 어떻게 멸종위기를 극복하고 지금까지 생존해 있을까? 중국 정부와 전 세계의 동물원, 동물 관련 단체들의 많은 노력이 있었지만, 그전에 가장 큰 이유는 '사랑스러워서'가 아닐까라고 생각한다.

2014년 영국의 〈이코노미스트〉에 이런 글이 실렸다.

판다는 식성은 별나게 까탈스럽고 번식에는 관심도 없다. 이 유전적 부적응자들은 그토록 사랑스럽지 않았다면 벌써 오래 전에 멸종했을 것이다.

그래, 살아남으려면 일단 귀여워야 하나 보다. 판다처

럼 상징성이 큰 동물들은 멸종을 당하지 않을 가능성이 크다. 상징성이 큰 동물들은 대체로 유명하다. 전 세계에 이들을 보호해야 한다고 외치는 사람들이 많다. 자연스럽게 국가 차원에서 이들의 개체수를 늘리기 위해 보호시설을 만들고, 국민들이 나서서 보호 운동을 펼친다. 판다의 멸종을 막고자 하는 마음들이 모이는 것이다.

물론 하나하나 따진다면, 멸종을 막기 위해 얼마나 많은 이해관계자들의 노력들이 얽혀 있겠는가. 하지만 그 모든 것의 근본에는 국가도 기관도 아닌 한 사람 한 사람의 '멸종하지 않았으면 하는 마음'이 가장 중요하게 작용한다고 생각한다. 반대로 '멸종하지 않았으면 좋겠어'라는 마음을 얻지 못하는 동물들은 다른 운명을 맞기도 한다.

순수한 마음이 중요하다. 동물보호에 비용이 얼마가 드는지, 보호를 하는 게 내 삶과 무슨 상관이 있는지 등을 계산하지 않고, 그냥 이유도 설명도 없이 단지 '멸종하지 않았으면 좋겠다'라는 순수한 마음. 판다는 이런 사람들의 소중한 마음들이 모여 멸종위기에서 벗어날 수 있었다.

푸바오가 태어나고 나서는 단 한 번도 판다를 보지 못했다. 에버랜드에는 몇 년에 한 번 꼴로 갔고 판다월드 주변을 지나다니기는 했지만, 대기 줄이 너무나도 길어 푸바오를 직접 볼 엄두가 나지 않았다. 그만큼 아기 판다의 힘은 대단했다.

푸바오가 중국으로 돌아가던 날 많은 사람들이 눈물을 흘리며 속상해하는 장면이 공개되어 화제가 되었다. 나는 동물 관련 작업을 하면서 항상 동물들은 사람들 관심 밖이라는 인상이 있었다. 그런데 사람들은 내가 생각하는 것 이상으로 동물에 관심을 가지고 있었다. 우리나라에서 사람들이 어떤 동물을 진심으로 대하는 것을 처음으로 느끼게 되었다.

판다라는 종이 너무 귀엽고 사랑스럽다는 게 한몫을 했다는 사실을 거부할 수는 없다. 모든 동물이 다 인간에게 사랑스럽게 보이는 건 아니다. 심지어 비호감인 동물도 적지 않다. 하지만 저렇게 태어날 때 축하해주고 떠날 때 슬퍼해주는 사람들의 이 마음들을 보면서, 앞으로 점점 우리나라의 다른 동물들에게도 이러한 진심들이 생길 수도 있겠다는 희망이 생겼다. 푸바오가 좋은 환경에서 잘 지낼지를 걱정하는 사람들이 있었다. 걱정 어린 시선으로 푸바오를 궁금해하는 그 마음들이 푸바오를 안전하고 행복하게 해줄 거라고 믿는다.

푸바오 이야기를 하다 보니 재밌는 에피소드가 하나 생각났다. '푸바오의 탄생으로 판다가 멸종에서 또 한 발작 멀어졌다'라는 블로그 글이 있었다. 요약하면 '이렇게 에버랜드가 판다 보존에 힘이 되어주었다. 귀여운 아기 판다를 보러 에버랜드에 가보시라'라는 내용이었다.

'동물원에서 태어난 동물은 어차피 동물원 안에만 있는데 이게 종의 보호에 어떤 영향이 있냐'는 댓글이 있었다. 판다의 탄생은 축하하지만 그 판다를 이용해 돈을 버는 동물원은 없어져야 한다는 글들도 많았다. 나는 어디에 댓글을 다는 성격이 아닌데 동물과 관련된 내용만 보면 나도 모르게 '진심'이 발동하여 기어코 끼어든다. 댓글들 하나하나 답을 달았다. 내 블로그도 아니고 아는 사람의 블로그도 아니었다. 오지랖이 맞다. 하지만 동물원에 대한 부정적인 글들만 적히는 게 속상했다.

첫 번째 댓글에 답을 달았다. "이렇게 동물원에서라도 개체수 하나가 늘어나는 건 당연히 동물의 멸종을 막는 중요한 일입니다."

두 번째 댓글에도 답을 달았다. "동물원에서는 종 보존

사업을 포함하여 많은 동물들의 복원 사업을 진행해요. 동물원의 수익은 동물 보존 및 복원에 있어서도 중요한 부분이 되는 겁니다."

 이 댓글들에 다시 댓글이 달리고 또 댓글이 달리면서 그 블로그 글은 뜨거운 감자가 되고 말았다. 내가 알고 있는 동물원이 필요한 이유를 다 적었다. 처음에는 토론에 가까웠지만 나중에는 싸움으로 번지고 있었다. 블로그 주인이 글을 내리고 나서야 논쟁은 종료됐다.

 물론 나도 관리가 소홀한 동물원, 오로지 수익만을 추구하는 동물원은 반대한다. 하지만 당당히 말할 수 있다. 동물원 폐지에 반대한다고. 논란이 될 수도 있고, 나와 다른 의견을 가진 사람들은 나를 싫어할 지도 모른다. 하지만 그럼에도 불구하고 동물원은 제법 좋은 기능을 하는 기관임을 부정할 수가 없다. 물론 동물원이 좋은 점만 있는 것은 아니다. 역기능이 분명 존재한다. 그럼에도 불구하고 종 보존을 위해서, 또 연구와 교육을 위해서 꼭 필요한 기관이라 생각한다.

고래의 천국

지구에 살았던 동물 중 가장 큰 동물은 무엇일까? 티라노사우루스 같은 공룡? 모사사우루스 같은 해양파충류? 다 틀렸다. 역사상 가장 큰 동물은 지금도 우리와 함께 살아가고 있다. 바로 대왕고래다. 우리나라에서는 '흰긴수염고래'라고도 알려진 거대한 수염고래. 이 친구는 길이가 무려 30~33미터에 무게는 180톤까지 나간다고 한다. 33미터? 상상이 잘 안 될 거다. 길을 걷다 주변에 10층짜리 아파트가 있으면 올려다 보시라. 그게 대왕고래의 크기다.

문득 이 엄청난 녀석을 캔버스에 담고 싶다는 생각이 스쳤다. 실제로 만나게 된다면 너무 커서 내 눈에 다 안 담길 텐데, 그렇다면 사람들이 대왕고래를 한눈에 담을 수 있게 만들어보면 어떨까?

'자, 이제 공부를 시작해보자.'

고래의 실루엣을 잡기 위해 자료를 찾기 시작했다. 하지만 고래의 전체 모습이 잘 나온 사진을 찾기가 어려워 애먹었다. 다큐멘터리만 네 편을 보았다. 그중 두 편이 고래잡이에 대한 이야기였다. 문득 우리나라의 고래잡이는 어땠을지, 우리나라엔 어떤 고래들이 살았을지 궁금해졌다. 너무 궁금했지만 우선 작업이 먼저였다. 열심히 작업을 이어갔다.

작품명은 '유영'으로 정했다. 다큐멘터리에서 본 유독 기억에 남은 한 장면을 작품으로 만들었다. 장면은 헬기를 타고 지나가면서 촬영한 짧은 영상이었다. 하늘 위에서 내려다보는 거대한 고래들의 헤엄은 장관이었다. 나는 이 멋진 장면을 옆에서 본 모습으로 풀어내보았다. 결과는 만족스러웠다.

이때 만든 대왕고래는 시간이 지나 나의 개인전에 전시되었다. 그렇게 개인전이 끝나고 작품들을 다시 작업실로 포장해왔다. 그때 스치는 잠시 접어두었던 생각.

'아, 우리나라에 살았던 고래, 궁금해!'

전에는 시간이 없어 미처 공부해보지 못했던 우리나라의 고래에 대해 다시 찾아보기 시작했다. 나는 대게 이렇게 두서없이 일을 한다. 하하.

며칠 내내 고래에 대해서만 찾아보고 정리했다. 한국 고래 이야기는 제법 재미있었다. 보통 나의 흥미를 끄는 주제로 며칠 공부를 하고 나면 기분이 상쾌한데 이번은 달랐다. 쓸쓸함? 화남? 이런 부정적인 감정들이 더 많이 느껴졌던 것 같다. 공부를 하며 이런 감정을 느꼈던 동물이 또 있었다. 호랑이, 표범과 같은 한국의 대형 고양이과 동물과 한국의 바다사자였던 강치가 그 주인공이다. 모두 인간이 우리 땅에서 멸종시킨 동물이라는 공통점을 갖고 있다.

우리나라에는 어떤 고래들이 살았을까? 대표적으로 상괭이와 남방큰돌고래 등 우리나라 연안에 서식하고 있다고 알려져 있다. 하지만 옛날에는 더 많은 종류의 고래들이 우리 앞바다에서 헤엄쳤다. 그중에서도 귀신고래가 우리 민족과 가장 친근한 고래였다. 해안선을 따라 이동하는 귀신고래의 특성 덕분에 바닷가에서 물질을 하는 해녀, 배를 타는 어부들은 귀신고래와 자주 마주쳤다.

지금은 전설로만 남아있는 귀신고래 이야기. 울산에 가면 고래가 그려진 암각화를 볼 수 있다. 암각화에는 귀신고래, 혹등고래, 북방긴수염고래, 향고래 등이 그려져 있다. 모두 15미터 이상 되는 대형고래들이다. 우리나라가 돌고래뿐 아니라 대형고래들이 헤엄치는 고래의 천국이었을지도 모른다. 아니 불과 100년 전만 해도 동해와 남해에서 많은 고래가 발견되었다. 그중 귀신고래는 지금은 사할린 주변에 100여 마리 정도만 살고 있는 것으로 확인된다.

다 어디로 갔을까? 80년대까지 이루어지던 포경업이 문제일까?

일제강점기, 해수구제사업害獸驅除事業으로 일본이 우리나라의 호랑이, 표범, 곰, 늑대, 스라소니 등 대형 포유류 동물들을 죽이고 가죽을 벗겨 일본으로 가지고 갔다. 공식적으로는 호랑이가 97마리, 표범이 624마리이다. 조선시대부터 있었던 대형 포유류들이 일제강점기를 거치며 멸종에 다가섰다.

마지막 한 발은 우리 민족이 쏘았다. 6·25전쟁이다. 국토가 황폐화되어 개체수가 자연적으로 복구될 수 없었을 것이다. 백두대간에 한두 마리씩 퍼져 있던 동물들마저 총과 덫에 죽어 멸종에 이르렀다. 결국은 한국인이 멸종시킨 것이다. 여기까지는 잘 알려진 이야기다.

그런데 잘 알려지지 않은 사실 하나가 있다. 일본은 이 시기에 대형 포식동물뿐 아니라 백두산사슴, 대륙사슴과 같은 대형 피식동물과 강치, 물범, 고래와 같은 해양 포유류 또한 마구잡이로 잡아들였다. 다른 기록들을 다 제외하고 귀신고래의 기록을 보자.

1911년부터 1933년까지 1,306마리가 잡혔다. 엄청난 수다. 이만큼 잡힌 것도 놀랍지만 난 동해 앞바다에 이렇게 많은 고래가 있었다는 것이 더 신기했다. 일제강점기가 끝나고 살아남은 귀신고래는 한국 포경선의 공격으로 죽임을 당했다. 육지와 마찬가지로 바다에서 역시 결국은 한국인의 손으로 오랜 시간을 살아온 동물 종의 숨통을 끊은 것이다.

그럼 이제 우리나라에서는 고래를 보기가 힘든 걸까? 다행히도 아직 여러 종의 돌고래들이 많이 발견되고 개체 수도 꾸준하게 늘고 있다. 물론 대형 고래들도 동해안에서 다시금 종종 발견되면서, 먼 바다가 아닌 연안에서도 고래를 다시 볼 수 있는 날이 오지 않을까 하는 희망을 가져본다.

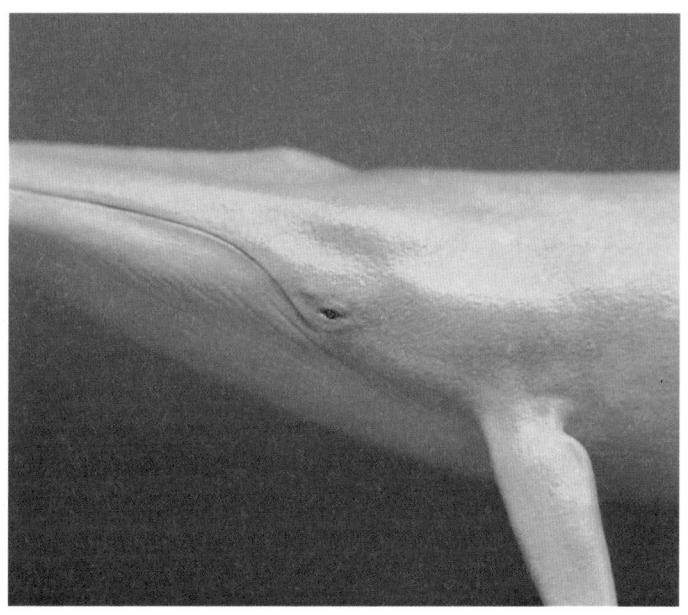

나쁜 일은 왜 한꺼번에 올까

 나는 사람을 좋아한다. 처음부터 그랬던 건 아니지만 20대 시절부터 성격이 조금씩 바뀌면서 밖에서 사람을 만나는 걸 좋아하게 되었다. 처음 만나는 사람과도 이야기를 하기 시작하면 금방 친구가 된다. 간단하게 술 한 잔, 커피 한 잔, 주말에는 한강 피크닉 등 사람들이 모이는 자리에 나가는 걸 좋아했고, 친구의 친구와도 자연스럽게 보게 되면 금세 친해졌다.
 이렇게 친구들이 늘어나다 보니 어느새 주변에 많은 사람이 생겼다. 사회에서 만난 사람들과는 친구가 되기 어렵다고 하는데 나는 사회에서 만난 사람들과도 허물없이 지냈다. 자주 만나 떠들고 시시콜콜한 이야기들을 하며 시간을 보냈다.

사람을 너무 믿었던 걸까. 그러면 안 된다고 경고라도 하듯 여러 사건들이 생겼다.

첫째, 금전적으로 손해를 보게 되었다. 아니, 피해라는 표현이 맞을 것 같다.

둘째, 정말 친했던 친구의 거짓말. 거짓말이라고 하면 별일 아닌 흔한 일 같지만 이 거짓말 하나 때문에 나는 정말 열심히 만든 오브제 브랜드를 정리했다. 협의 중이었던 갤러리와의 전속계약도 그만두었다. 내가 판단한 일이었기에 누굴 탓하기 싫었다.

이 외에도 누구에게 말할 수 없는, 사람들로 인한 사건들이 더 있었다. 연속적으로 일어난 이 일들로 인간관계에 대해 조금 더 많은 생각을 하게 되었다. 그리고 그 이후로 새로 만난 사람들과는 일정 거리를 유지하는 버릇이 생겼다. 쉽게 마음을 열지 못하게 된 것이다. 시간이 제법 흐르고, 오래된 친구들에게 이때 일어난 일련의 사건들에 대해 이야기해주었다.

"어휴, 그럴 돈 있었으면 가족한테 쓰지. 아니 차라리

나한테 쓰지."
"내가 그렇게 날아갈 줄 알았겠니."
"돈은 아무한테나 빌려주거나 하는 거 아니다, 의동아. 똑똑한 줄 알았더니 멍청이네."
"그러게. 적어도 나는 그 사람이 아무나가 아닌 줄 알았지."
"몇 년 알았다고 그 사람 말을 믿냐. 손해가 얼마야."
"변명을 하자면 말을 믿은 건 아니었고 상황을 믿었어."

20년지기라는 놈들은 위로는커녕 잔소리만 해댔다. 내 걱정이 아닌 내 돈 걱정을 했다. 나쁜 놈들. 지금도 가끔 만나거나 통화를 하면 한참을 멍청이 소리를 듣곤 한다.

아무튼 이 당시 여러 사건들로 정말 괴로웠다. 금전적인 손해도 당시 나에겐 어마어마한 스트레스였지만 나를 더욱 힘들게 했던 건 믿었던 사람들에 대한 배신감과 실망감이었다. 자주 만나서 오늘에 대하여 내일에 대하여 속마음을 나누던 사람, 당연히 나에게는 친구였다. 나쁜 사람에게 당한 게 아니라 친구라고 생각했던 사람에게 당했다는 사실에 마음이 무너졌다.

정신적 피로감이 높아서 그랬는지, 모든 관계에 있어서 스트레스를 받기 시작했다. 모든 인간들이 싫었다. 일단 집으로 갔다. 언제든 믿을 수 있는 가족에게로 돌아갔다.

집 밖으로 안 나간지 4일째, 집안 사정도 썩 좋지는 않다. 스트레스가 많았던 나는 부모님에게 짜증을 많이 냈다. 식사자리, 아버지가 옆에서 아보카도를 잘라 그 위에 올리브유를 둘러 야채와 함께 먹고 있다. 갑자기 "퇴직하면 낮에 시장가서 메추리에 맥주, 파전에 막걸리 마시면서 살고 싶다"던 아버지의 말이 생각났다. 또 화가 났다.

"이게 이렇게 한다고 병이 낫기는 하는 거야? 그때 수술 했으면 지금쯤 먹고 싶은 거 먹고 하고 싶은 거 하면서 살고 있을 거 아니야!"

아버지는 몇 년째 암과 싸우고 있다. 처음에는 수술을 받고 항암치료를 하기 위해 일정을 잡고 준비를 했다. 하지만 수술부위의 상태가 좋지 않았고 아버지와 어머니는 수술 없는 자연치유를 선택했다. 이때는 부모님의 결정이니 존중하고 넘어갔지만 투병생활이 길어지면서 속에서는 불만이 쌓이고 있었다. 당사자가 가장 힘들다는 걸 잘 아는데도 괜히 아이처럼 화를 내게 된다. 평소에는 밖에서 일을 하고 집에는 일주일에 3~4일 들어와 밥 먹고 잠만 자고 나가기 바빠서 잘 몰랐는데, 막상 아버지가 암을 이겨보겠다고 아니 같이 살아보겠다고 애쓰는 모습이 속상하기도 하고 안쓰럽게 보였던 것 같다.

평소에 말로는 '가족들 생각을 많이 한다', '나는 가족이 제일 중요하다' 이야기하고 다녔지만 무심했던 나 자신을 되돌아보았다. 며칠간 집에 있으면서 가족들이 생활하는 걸 보니 더욱 더 머리가 아파왔다. 아버지가 투병생활을 시작하고부터는 어머니도 일을 그만두었다. 어머니의 퇴직금과 아버지의 보험금, 그리고 연금, 나와 동생이 보태는 생활비. 이걸로 생활이 가능한가?

아버지가 식단을 바꾸면서 식비가 10배는 오른 것 같다는 어머니 말에 "생활비와 용돈 더 드릴게"라는 말이 입밖으로 나오려고 했으나 입술이 떨어지지 않았다. 성공하기까지 오래 걸리는 직업, 하지만 그 오래 걸리는 성공마저 보장이 되지 않는 직업. 그 직업을 가진 내 자신이 싫어졌다. 여기에 나와 비슷한 꿈을 꾸고 있는 막내동생. 일본으로 넘어가 만화를 배우고 그리는 동생을 생각하니 또다시 머리가 아파왔다. 그 녀석이 가족 때문에 꿈을 포기하지 않았으면 했다.

 밖에서 일어난 일들로 머리가 복잡해 집에 들어온 건데 집에 들어오니 머리가 복잡하다 못해 터질 지경이었다. 물론 지금 당장 집에 엄청나게 많은 돈이 필요한 것은 아니었다. 하지만 이 문제가 머릿속에서 한시도 사라지지 않았다. 내 스스로 가장이라는 짐을 짊어졌던 것 같다. 그 무게감에 짓눌려 괜히 더 우울해 있었다.

 집에 들어온 지 일주일이 지났다. 아무도 나에게 뭐라고 한 사람은 없었지만 혼자서 스트레스를 받고 있었다. 이렇게 집안에서도 집밖에서도 스트레스가 반복되니 미칠 노릇이었다. 심지어 내 정체성에 대해서도 같이 고민하던 시기였기에 내 머릿속은 터지기 직전의 시한폭탄 같은 상태였다.

 어머니에게 한동안 밖에서 살다가 오겠다고 말했다. 혼자만의 시간이 필요했다. 스트레스가 극심해서 방치했다간 일상생활이 불가능할 것 같았다.
이렇게 도망치듯 서울로 떠났다.

작가와 예술가의 차이

나는 미술인들의 유튜브 채널을 즐겨 본다. 미술작가부터 평론가 그리고 취미로 미술을 하는 사람들의 채널까지. 다양한 사람들의 이야기와 생각을 들으며 다른 분야를 배우는 것이 즐겁다.

하루는 이 시대의 미술인들이 어떻게 살아가는지에 대한 이야기를 듣고 있었다. 채널의 주인이 이야기했다.

"작가라고 불릴 수 있는 기준은 무엇인가. 요즘 나오는 작가들을 작가라고 부르기 싫다. 그들은 작가가 아니다. 예술을 하는 게 아니다."

어떤 의미로 하는 말인지 모르는 바는 아니었으나 그 자극적인 표현에 처음에는 깜짝 놀랐다.

나는 생각이 달랐다. 나는 꾸준히 그림을 그려 자기 미용실에 걸어두는 미용사도 작가라 불릴 수 있다고 생각하는 사람이다. 만약 그 작품이 뛰어나다면 더욱 더 말할 필요도 없을 거다. 작가作家라는 말 자체가 '작품을 창작하는 사람'이라는 뜻 아닌가?

그날 오후 평소에 친분이 있는 작가와 이야기를 나누게 되었다. 유튜브에서 본 내용을 이야기 해주었다. 그의 생각이 궁금했다.

"이 작가님은 어떠세요?"
"저도 요즘 작가라고 하는 사람들을 다 작가라고 생각하지는 않아요. 그들이 만드는 창작물들이 정말 예술이라고 부를 수 있는지 잘 모르겠어요. 결국은 예술작품을 만들어야 작가라고 생각해요. 작가님이 이야기하는 미용실 사장님은 예술작품이 아닌 그냥 그림을 그려서 벽에 걸 수도 있죠. 그림은 누구나 그려요."

한 대 맞은 기분이 들었다. 생각해볼 만한 이야기였다. 안 그래도 작업실에 나가 컴퓨터를 켜서 3D 모델링을 하는 생활이 매일 반복되면서 내가 창작을 하는 게 아니라 마치 단순반복 작업을 하는 노동자가 된 것 같다고 느끼고 있었다. 반복되는 일상이 주는 안정감이 있었지만 한편 내가 작가라는 걸 점점 망각하게 만들고 있는 건 아닌지 걱정이 되었다. 내가 이렇게 있어도 되는 건가? 내가 하고 있는 작업은 예술이라고 불릴 수 있는 것인가에 대한 의문이 생겼다.

예술은 무엇인가에 대한 깊은 고민에 빠졌다. 나와 생각이 다르다고 해서 귀를 닫는 것이 아니라 왜 그렇게 생각하는지 이해해보려고 했다. 창작물이라고 해서 다 예술인 것은 아니구나. 작가와 예술가는 다른 거구나. 나는 그동안 나를 아티스트라고 생각했고 그렇게 불려왔다. 그러나 내가 하고 있는 작업들은 예술이라고 불릴 수 있는 것인가? 예술이란 무엇인가? 한동안 이 주제에 사로잡혀 있었지만 제자리였다.

이 무렵 다른 작가들의 작품들을 찾아보고 전시회를 가는 등 많은 작가들의 작품들을 눈에 담고 또 담았다.

작품을 보면 볼수록 내가 예술을 하고 있다는 확신보다 나는 예술을 하는 게 아니라는 확신 쪽으로 기울었다.

돌아보았다. 내가 조형을 배우기 시작한 무렵부터 첫 습작과 첫 전시, 첫 페어, 첫 개인전까지. 내가 보여주고자 했던 것들이 무엇인지 적어 나갔다. 한결같이 리얼리즘을 추구해왔고 매일같이 노력해왔다. 또 내 작품을 보는 사람들에게 메시지를 전달하고 싶었다. 완벽하지는 않지만 나도 내 나름대로는 한 걸음씩 예술인의 길을 걸으며 살아왔다는 생각이 들었다. 하지만 누군가에게 당당하게 나를 예술가라고 소개하기에는 뭔가 부족한 느낌이었다.

고민은 더 깊어졌다. 사람들에게 받은 상처와 집안 문제로 스트레스가 극에 달해 있던 시기였다. 심리적으로 불안해서 작업에 관해서도 더욱 심각하게 생각했던 걸까.

혼자만의 시간이 필요했다. 몇 개월 여행을 가볼까 하는 생각으로 4~5개월 빌릴 수 있는 집을 찾아보았다. 한동안 사람들을 아예 만나고 싶지 않았기 때문에 산속 깊이 들어가도 좋을 것 같았다.

그러던 도중 친한 형과 술 한 잔을 기울이게 되었다. 오랜만에 만난 동생이 갑자기 산골로 들어가 반년을 지낼 거라고 하자 많이 놀란 눈치였다.

"의동아, 네가 힘든 걸 내가 감히 이해했다고 말하기는 어렵지만 오랜 기간 사람을 일절 만나지 않고 시간을 보내는 건 오히려 위험해 보여. 사람에 대한 감정이 더 안 좋아질 수도 있고 반복된 혼자만의 생활이 우울증을 유발할 수도 있어. 사람을 만나기 싫다는 건 알겠지만 너무 주변 사람들과 멀어지면 더 힘이 들 때 위로조차 받지 못할까봐 형은 무섭다."

혼자 시골생활을 하는 것에 있어서, 심지어 아무 연고 없는 지역에 내려가 혼자 살 거라고 하니 걱정이 되었던 모양이다. 하지만 나의 마음은 확고했다. 설득되지 않는 나에게 형은 도시 호텔에서 지내보는 것을 권유했다.

"그럼 호텔 살이는 어때? 호텔 안에는 헬스장, 수영장 같은 운동시설부터 식당과 편의점 같은 편의시설들이 전부 들어와 있으니 굳이 밖에 나가지 않아도 되잖아. 산골에서는 불가능한 음식배달도 가능하고 또 방 청소도 해주고."

형 말이 다 맞았다. 하지만 가장 큰 문제는 비용이었다. 호텔에서 하루 이틀 묵는 가격이면 경기도 원룸의 한 달치 월세다. 시골과 비교하면 그 차이는 더하다. 가격 때문에 그렇게 못할 것 같다고 대답했다. 그러자 형은 웃으며 대답해주었다.

"형 말 듣는 거지? 생각보다 저렴하게 지낼 수 있는 방법이 많아. 호텔 장기투숙을 신청하는 플랫폼이 있어. 거기에 한번 들어가봐. 한 달 사는 데에 10일치 숙박비면 될 거야."

만만한 금액은 아니었지만 좋은 조건이었다. 서울의 아파트 월세가 이 정도는 하니 말도 안 되는 비용은 아니라고 스스로 합리화를 했다. 괜찮겠지 뭐. 사실 큰소리를 뻥뻥 쳤지만 시골에 혼자 내려가서 산다는 것에 나도 내심 걱정을 하고 있었나 보다.

편의시설이 잘 갖춰진 호텔을 찾았다. 가장 좋았던 곳은 용산의 한 호텔이었다. 용산, 서울의 중심이라 불리는 곳으로 들어갈 준비를 했다. 아이러니하게도 사람에게 받은 상처를 치유하기 위해, 사람으로부터 떠나기 위해 사람이 가장 많은 서울의 중심으로 짐을 싸들고 들어갔다. 그렇게 호텔 살이가 시작되었다.

100일간의 동굴 살이

 호텔에 들어가면서 다짐했다. 일단 쉬자. 쉬면서 생각을 정리하고 인간관계도 정리하자. '더 격렬하게 아무것도 안 하고 싶다.' 나의 마음을 표현하는 데 이보다 더 적절한 표현이 없었다. 하지만 무엇을 하는 것보다 아무것도 안 하는 게 더 어려운 일이란 걸 깨닫는 데는 오랜 시간이 걸리지 않았지만 '일단 쉬자'라는 마음이 너무나도 컸다.

 이동이 줄었다. 평소에 이동할 때 걸리던 시간이 줄어든 대신 낮잠을 자거나 침대에 누워 멍 때리는 시간도 가졌다. 예술 관련 사람들은 철저하게 만나지 않았다. 작가들을 만나면 자연스럽게 일 이야기를 하게 된다. 일 이야기를 하면, 쉬면 안 된다는 생각이 들 것 같았다. 또 생각을 정리하는 데 있어서 다른 작가들의 경험은 오히려 방해가 될 수 있다고 생각했다. 매일같이 헬스장에서 운동을 하면서 아침을 시작하고, 식당에서 밥을 먹고 라운지에서 술 한 잔 기울이면서 시간을 보냈다.

처음에는 아무것도 하지 않고 지내는 것에 대해 걱정이 컸다. 삶이 지루해지진 않을까. 하지만 내 생각과는 다르게 아무 생각 없이 보내는 하루는 행복하기 그지없었다. 왜 사람들이 노는 게 최고라고 하는지 금방 이해했다.

한 달 동안은 의식적으로 아무것도 하지 않고 보냈다. 그렇게 한 달을 지내니 머리가 텅 비워졌다. 머릿속에 가득 차 있던 근심거리가 사라지니 점점 사람에 대한 경계심도 줄어들었고 미래를 생각하는 마음은 조급함에서 여유로움으로 바뀌었다.

다시 사람을 만나기 시작했다. 주변 사람들은 내가 호텔 살이를 한 이유가 단순하게 생각 정리만을 위한 것으로 알았다. 그 이상의 이유가 있었지만 굳이 얘기하지는 않았다. 내가 놀고만 있는 것처럼 보였는지 처음에는 호텔 살이를 응원해주던 지인들이 쓴 소리를 늘어놓기 시작했다.

"생각 정리하러 들어간 거 아니었냐."
"작품에 대해 고민하는 거 아니었냐."
"정신 차려라."

그 당시 나는 매일 아무 일도 하지 않고 흥청망청 놀았으니 당연한 반응이었다. 오후가 되면 카페에서 커피를 마시고 사람들과 삼삼오오 모여 한강에서 바람을 쐬곤 했다. 해가 지면 차를 몰고 압구정으로 나갔다. 사람들과 밤새 떠들고 다음날 아침 술냄새를 풍기며 호텔방에 들어와 잠들었다.

그런 일상들을 한동안 계속 했다. 마음먹고 쉬기로 한 김에 조금 더 삐뚤어진 것도 있었다. 클럽 한 번 안 가봤던 내 인생에서 최고의 일탈이었다. 한 끼 식사에 수십만 원을 써보기도 했고, 계약금만 몇 백만 원을 들여서 덜컥 스포츠카를 계약하기도 했다. 폭주기관차가 따로 없었다. 미친 사람처럼 보였을 것 같다. 여유가 있어서 그런 것은 아니었다. 그래도 후회는 하지 않는다. 아무 눈치를 안 보고 고민 없이 살다 보니 스트레스가 확확 날아갔다. 모아둔 돈도 훨훨 날아갔지만 말이다.

늦은 저녁 헬스장에서 운동을 마치고 나가는 길, 문득 거울에 비친 내가 보였다. 제법 행복해 보이는 젊은 남자가 서 있었다.

호텔 살이 3개월째, 표정이 달라졌다. 이제 다시 일상으로 돌아갈 때가 되었다고 느꼈다. 더 이상 매일같이 밖에 나가지도 않았다. 사람을 만나는 빈도도 조금씩 줄여 나갔다.

호텔 방 책상에 자그마한 스탠드를 달았다. 책상에 앉아 미뤄두었던 일들을 다시금 펼쳤다. 하지만 아직도 고민에 대한 해답을 찾은 건 아니었다. 일을 바로 시작하기보다는 앞으로 어떻게 살아야 할지 고민하는 데 더 많은 시간을 썼다. 도약을 위한 새로운 발판이 필요했다. 그렇게 호텔에서의 남은 두 달은 새로운 도약을 위한 준비의 시간으로 보내기로 다짐했다.

많은 일들이 밀려 있었다. 호텔 살이 전에 계약한 일들을 하나씩 순서대로 시작했다. 우선 박물관에 전시를 하기로 했던 개구리부터 만들기 시작했다. 팀 작업실이나 개인 작업실로 나가지는 않았다. 불편하더라도 호텔 방 책상에 노트북을 펼쳐놓고 3D 작업을 했다. 책상에는 조명을 추가로 하나 더 달았다.

  호텔 방이 작업실로 변해갔다. 고요 속에서 혼자서 작업하는 게 더 좋았다. 아직은 자주 보던 사람들과 익숙한 환경으로부터 거리를 두어야 할 때라고 생각했다. 사람들과 환경이 주는 편안함이 새로운 도약을 준비하는 나에게는 오히려 독이 될 것 같았다.

  나태해지기 싫었다. 낯선 환경이 주는 적당한 불편함은 사람을 긴장시킨다. 호텔 방에서 몇 개월 지냈지만 이 공간에서 작업을 하는 건 처음이기도 했고 작업 환경이 갖추어지지 않은 만큼 제법 불편한 점도 많았다. 덕분에 작업을 할때는 항상 약간의 긴장감이 생겼다. 이 긴장감을 조금 이라도 더 유지를 하고 싶었다.

  루틴을 짜고 거기에 맞춰 생활하다 보면 어느 정도의 긴장감이 항상 유지된다는 글을 보았다. 그렇게 내 인생 처음으로 루틴을 짰다. 10시에 일어나서 10시 30분에 헬스를 갔다. 11시 30분 운동을 끝낸 뒤 방으로 돌아와 샤워를 하고 12시에 간단히 아침 겸 점심을 먹었다. 그리고 두 시간의 자유 시간을 가졌다. 이때는 누워 있든 TV를 보든 게임을 하든 상관 없었다. 다만 일은 하지 않았다. 안 보던 드라마를 이때 많이 보았다. 이후로 관심이 가는 드라마가 나오면 챙겨보는 습관도 생겼다. 두 시간의 자유시간이 끝나면 본격적으로 일을 시작했다. 3D 작업을 하거나 색칠을 했다. 미팅도 이 시간대에 잡았다.

8시부터는 친구를 만나거나 저녁을 먹었다. 그리고 10시부터 12시까지는 다른 작가들의 작품을 찾아봤다. 회화, 조형, 영상 등 분야를 가리지 않고 신진작가, 원로작가 따지지 않았다. 최대한 다양한 작품을 많이 보려고 노력했다. 눈을 가리고 예술을 하는 것만큼 자신을 퇴보시키는 일은 없다고 생각한다. 다른 작가들이 어떻게 표현하고 생각하는지를 보면서 배우고 성장했다. 예술을 대하는 태도도, 나의 꿈을 대하는 태도도 달라졌다. 이 이후로 매일 한 시간 이상 다른 작가들의 작품을 찾아본다. 그런 다음 씻고 나서 자기 전까지 두 시간 정도 뉴스를 보거나 잡지를 읽었다. 궁금했던 동물에 대한 논문들을 읽기도 했다. 이렇게 루틴을 지키는 생활이 제법 뿌듯했다. 초등학교 때 생활계획표를 짜본 뒤로 처음이다. 그땐 지키지는 않았으니 지키는 건 처음인가?

작가 활동을 하면서부터는 밤을 새우기도 하고 어떤

날은 열두 시간씩 자면서 그냥 흘러가는 대로 살았다. 루틴에 맞춰 생활하니 시간을 효율적으로 사용하게 되었다. 시간이 없다는 핑계로 안 하던 공부도 조금씩이지만 다시 하게 되었다. 딴 짓도 줄었다. 마치 회사에 출근하는 느낌이랄까. 이렇게 매일 여섯 시간의 작업 시간이 주어지니 산더미같이 쌓였던 일들이 하나둘씩 끝났다.

밀린 일들을 끝내고 책상에 앉았다. 앞으로 무엇을 할지에 대한 계획을 써내려갔다. 우선 전시를 하고 싶었다. 2019년도 이후로 개인전은커녕 단체전마저 일절 하지 않았다. 내 작업이 사람들에게 평가받는 것이 싫었다. 아니, 두려웠다. 그런 두려움에 맞서서 싸울 필요가 있었다. 한 단계 성장하기 위해서 꼭 필요한 과정이라고 결론지었다. 여전히 부족하지만 그동안 나의 작업 방식이 바뀌었고 실력도 많이 향상되었다는 자신감이 있었다. 기록을 위해서라도 전시가 필요했고, 전시야말로 가시적인 '도약을 위한 발판'으로 여겨졌다.

그러던 도중 운이 좋게도 한 전통 수공예 가구 브랜드와 연이 닿았고 협업과 함께 작은 전시를 준비하게 되었다. 지금까지는 리얼리즘을 추구하며 작업을 했지만 이

번 콜라보에서는 새로운 방식으로 작업을 진행해보기로 협의했다. 리얼리즘을 추구하는 내 표현 방식은 가구 브랜드와는 잘 맞지 않았다. 리얼리즘은 동물을 보이는 그대로 만드는 데 초점을 맞춘다. 크기, 움직임, 피부질감과 색까지 최대한 사실과 같게 표현한다. 하지만 이번엔 이 표현들을 하나씩 덜어내보기로 했다.

리얼한 피부 표현을 덜어냈다. 실물과 같은 크기를 버렸다. 색도 버렸다. 내가 가장 자신 있었던 움직임과 실루엣을 중심으로만 작업을 해나갔다. 처음 해보는 방식이라 어색했고 쉽지 않았다. 피부 표현과 색이 빠지니 미완성처럼 느껴졌다. 자신이 없었지만 언젠가는 넘어야 할 산이라 생각하고 열심히 새로운 습작들을 만들어갔다.

혼자 하는 것이 아니라 전통 수공예 나전칠기 장인들과의 협업이었다. 그림체를 다시 만들더라도 어떻게 이분들과 어울리게 할지가 최대 난제였다. 수차례 회의 끝에 나름의 접점을 찾았다. 전통 수공예와 나를 잇는 소재는 '민화'였다. 민화는 전통예술 장르의 하나이고 동물들도 자주 등장한다. 우리는 민화를 재해석하기로 하였다.

전시 공간은 책가도를 참고하여 꾸미기로 결정했고 주제는 민화에 많이 등장하는 고양이를 선정했다.

전시 준비가 수월하게 흘러가지만은 않았다. 처음에는 전시 기획을 크게 잡았었는데 제작지원비에 대한 의견충돌이 있어 규모가 줄었다. 많이 아쉬웠다. 그래도 3년 만의 전시인 만큼 완벽하거나 규모가 크지 않더라도 잘 끝내는 게 목표였다. 온 힘을 다해 준비했다. 두 달이 금세 지나갔다.

짧다면 짧았고 길다면 길었던 이 호텔 살이도 정리할 때가 되었다. 호텔에 가득한 내 짐들을 집으로 조금씩 날랐다. 몇 개월간 지냈던 공간을 나가려니 기분이 묘했다. 사람에 질려 도망치듯 떠나온 7월이 지나고 8월과 9월 두 달은 좋은 사람들을 만나면서 상처가 아물었다. 그렇게 새로운 도약을 꿈꾸며 호기롭게 10월을 시작했고 11월의 끝자락에서야 멈춰 있던 내 삶이 한 걸음 나아갈 수 있었다. 이렇게 한 걸음 걷는 일도 쉽지 않았는데 애초에 뛰어서 한 번에 멀리 나가려고 했던 게 욕심이 아니었나 싶다.

두 계절이 순식간에 지나갔다. 쉼은 앞으로의 방향성에 대한 고민과 예술가로서의 정체성에 대한 의문들을 사라지게 해주었다. 답을 찾은 건 아니었지만 조금이나마 고민과 부담감을 내려놓을 수 있게 되었다. 부담감이 덜어지니 조금 더 편하게 일을 하게 되었다. 조금은 자유로워졌다고나 할까?

친구들과 한번씩 그 시절에 대해 이야기를 한다. 매번 잔소리를 듣는다. 그때 쓴 돈 모아뒀으면 얼마가 됐을 텐데. 비트코인을 샀어야지 바보야 등등. 뭐, 지난 일을 되돌릴 수 없지 않은가. 나는 그 시간과 돈이 전혀 아깝지가 않다. 충분히 즐겁고 값진 경험이었다. 또 앞날의 새로운 출발점이었다. 동굴 속에서 쑥과 마늘만 먹고 인간이 된 곰처럼 나 역시 이 호텔을 나가는 순간부터 새로운 삶이 열릴 것만 같았다.

개인전 'IDENTITY'

호텔 생활을 끝내고 다시 경로를 잡아야겠다는 생각이 들었다. 코로나19가 끝나가면서 사회적 거리 두기도 점점 완화되고 있었다. 격리 생활이 너무나 길어진 탓에 일상으로 돌아가는 길이 마치 새로운 길을 향해 나아가는 것 같은 기분이 들었다. 그러한 설렘과 함께 새 출발에 대한 기대감이 내 안에서부터 피어오르기 시작했다. 내가 보여주고 싶었던 것들이 무엇이었는지, 앞으로 어떤걸 보여주고 싶은지에 관한 고민들을 노트에 적어보았다.

사실적인 동물 작업
고양이과 동물들의 역동적인 움직임을 담은 작업

색칠 없이 조형에 집중을 한 작업

캐릭터화한 동물들의 회화 작업

생각보다 하고 싶었던 것이 너무 많았다. 하지만 적어놓고 보니 무엇인지 뚜렷하게 보였다. 다 '작업'이었다. 그래, 하고 싶은 작업을 해보자. 주문이나 의뢰를 받아서 하는 작업, 판매 가능성을 염두에 둔 작업이 아니라 순수하게 하고 싶은 작업을. 그렇게 해서 내린 결론은 바로 '개인전'이었다. 몇 년 사이 미술에 대한 관심도 부쩍 커져 있었다. 아트테크라는 것이 유행하기도 하고 예술전시 관람을 즐기는 것도 영화 관람처럼 대중적인 취미활동으로 확산되고 있었다.

먼저 큰 청개구리를 만들기 시작했다. 내가 가장 좋아하는 리얼리즘에 가까운 작업이었다. 실제 3~4센티미터의 작은 개구리를 40센티미터의 크기로 만들었다. 청개구리의 자세를 잡는 것부터 기본적인 실루엣 작업을 하는 데까지 약 한 달이 걸렸다.

'빨리 작업을 해야겠는데? 시간이 모자라겠어.'

한창 작업을 하다가 뒤늦게 깨달은 사실이 하나 있었다. 이 개구리를 단순히 크기만 크게 해서 되는 게 아니라는 것. 크기가 커지니 오돌토돌한 피부의 미세한 결과 무늬 하나하나까지 전부 보여야 했다. 크기가 큰 만큼 더욱 적나라하게 드러나기 때문에 작업의 양에 비례해서 난이도도 높아지는 것이었다. 그렇게 3D 작업에만 두 달을 써버렸다. 앞으로 후가공과 도색까지 마치기 위해서는 한 달 정도가 더 필요했다. 어쩔 수 없이 리얼리티 모형은 청개구리 하나로 끝내기로 나 자신과 합의를 봤다. 아쉬웠지만 욕심을 부리다 미흡한 작업물로 전시를 하고 싶지 않았다.

열심히 작업을 해 나갔다. 동시에 전시 공간을 찾기 위해 많은 갤러리, 카페, 전시관 관계자들과 미팅을 이어나갔다. 딱 맞는 전시 공간을 찾는 것도 작가한테는 큰일이다. 내 작업물을 잘 보여줄 수 있는 공간을 찾고, 내 작업물이 돋보이게 만들 장치들을 구상해 전시를 해야 한다. 전시 공간의 구조가 탁 트인 공간인지 여러 방으로 나뉘어 있는지, 실내 실외 인테리어 분위기는 잘 어울리는지, 위치는 어디인지 등 다양한 요소를 고려해야 한다. 즉,

공간도 전시의 일부라고 할 수 있다. 모든 조건이 다 맞기란 쉽지 않다. 무엇을 우선시하고 무엇을 포기할지 선택하는 것도 작가의 일이다.

 좋은 전시 공간을 찾기 위해 가장 필요한 것은? 맞다. 돈이다. 언제나 돈이 발목을 붙잡기도 문제를 해결해주기도 한다. 상업 갤러리를 일주일 대관하면 제법 큰돈이 나간다. 고민이 많아졌다. 그러던 도중 한 갤러리의 대표님에게 연락을 받았다. 캔앤츄르 작가님의 개인전에 게

스트로 참여하면서 알게 된 분으로, 그 전시를 개최했던 갤러리 아트버디의 대표님이었다.

갑작스러운 연락을 받고 갤러리를 찾아갔다. 자신의 갤러리에 1년간 소속되어 활동을 해보지 않겠냐는 제안을 받았다. 전속 계약이 아니기에 재정적으로 도움을 받을 수 있는 건 없었지만 소속되어 있는 기간 동안 전시를 할 수 있다면 그것만으로도 큰 힘이 될 거라 생각했다. 조심스럽게 개인전에 대해 이야기를 꺼냈다.

"제가 올해 개인전을 열 공간이 필요한데, 도움을 주셨으면 합니다."
"좋아요."

별다른 질문도 말도 없이 흔쾌히 공간을 제공해주셨다. 일이 풀리려니 이런 일도 생긴다. 5월 한 달간 홍대 지점에서 개인전을 열어보자는 제안을 주셨고, 대표님의 생각이 바뀌기 전에 얼른 "감사합니다"를 외치고 자리를 떴다.

가장 큰 골칫거리였던 공간 문제가 해결되었다. 어깨

위에서 큰 짐 하나를 내려놓은 듯 가벼워졌다. 다시 작업에 열중했다. 5월 전시, 시간이 얼마 남지 않았다. 리얼리티 시리즈의 작업들을 끝내고 동물들의 실루엣과 움직임에 집중을 한 시리즈도 작업을 시작했다.

내가 동물들을 만들며 가장 아름답다고 느꼈던 부분은 실루엣이다. 피부 표현이나 털 표현을 하기 전의 날것 그대로의 모습, 그 모습이 단정하고 아름다워 보였다. 이 단아함을 사람들에게 보여주고 싶었다. 하지만 이 밋밋한 형태의 조형들을 심심하지 않게 표현하기란 여간 어려운 게 아니었다. 천천히 조금씩 다듬고 또 다듬었다.

긴 시간을 들였다. 많은 조형 작가들이 이 형태를 잡는 데만 한두 달을 쓴다. 이 가장 기본적인 형태가 조형의 시작이자 끝이라 생각하고 작업에 온 정신을 쏟았다. 색칠은 백색으로 칠했다. 관람객이 조금 더 실루엣이나 동물의 움직임에 집중해주길 바랬다. 이렇게 몇 달을 작업만 하며 보냈다. 작업에만 열중을 하니 집중도가 올라갔다. 극도의 몰입 상태에서는 힘듦을 넘어 즐거움을 느낀다. 그만큼 작업의 속도도 빨라졌다. 이걸 겪어보니 생계 걱정이 없이 오롯이 작업에만 몰두할 수 있는 환경을 가진 작가들이 부러워졌다.

  4월 말이 되었다. 그 누구도 아닌 내 정체성을 위해 계획한 개인전. 이제 전시 공간으로 넘어간다. 수평기 레이저 선에 맞춰 내 작품들이 벽에 걸린다. 누구든 지나가다 한번쯤 들어와 즐기고 갔으면 좋겠다는 마음으로 준비한 전시였다. 아담한 전시장이었지만, 미술에 관심이 없는 사람들도 와서 즐길 수 있기를 바래 여러 가지 즐길 만한 장치들을 넣었다. 작품들 사이사이에 대왕고래와 청개구리 소리를 MP3 플레이어에 넣어 관람객들이 동물들의 소리를 들으며 작품을 볼 수 있게 배치를 했다. 인간의 오감은 서로 영향을 준다고 어디선가 들었던 것 같다. 귓속 가득 울리는 동물들의 소리가 작품 관람을 더욱 생동감 있게 만들어 관람객들의 가슴속에 오랫동안 남길 바랬다.

  전시가 시작되었고 많은 분들이 전시장을 찾아주었다. 나는 언제부턴가 사람들의 평가를 두려워하고 있었다. 항상 나 자신을 탓하는 성격인 탓도 있다. 코로나19로 힘들었던 시간도, 믿었던 사람들에게 배신당했던 순간에도 다 내가 문제인 것만 같았다. 얼굴이 알려지면서는 사람들의 기대에 부응해야 한다는 부담감도 없지 않았다. 자책과 부담감을 오가며 몇 년을 보내는 동안 위축되어 있었다. 전시를 할 기회가 있었음에도 애써 피하면서 4년을 보냈다.

개인전 'IDENTITY'는 내 안의 오래 묵은 두려움을 많이 없애주었다. 물론 비판의 시선도 있었다. 하지만 갈팡질팡하던 내가 수많은 응원들 덕에 이대로 작업을 계속 해도 되겠다는 자신감을 갖게 되었다. 다시 한 번 다짐했다. 천천히 그러나 꾸준히 내가 하고자 하는 걸 보여주리라고.

초여름, 개인전이 끝나고 많은 생각에 잠기게 되었어요. 17년부터 이어온 작가활동에 대해 잘하고 있는지 의문이 들었습니다. 일단 작업을 멈추고 드로잉과 아이디어 스케치만 하면서 많은 작가님들을 만나 이야기를 나누었습니다. 작품에 필요한 요소들을 연구하고 나만의 차별점을 만들기 위한 시간. 지금은 방향성이 잡히고 습작을 조금씩 만들어가고 있습니다. 평가를 두려워해 아무것도 안하던 나 자신을 버리고 내년에는 작가답게 작품으로 많이 인사 드리겠습니다.

@dong2studio

함께 할 수 있는 일을 해보자

작가들과의 소모임에 왔다. 요즘 들어 이런 모임들이 많아졌다. 전시를 다시 시작하고 작품 활동에 집중하면서 자연스럽게 다른 작가들과의 만남이 늘어났다. 그렇게 내 주변에는 나와 비슷한 꿈을 꾸는 사람들이 조금씩 모여 작은 커뮤니티가 형성되었다.

이 작은 모임의 화두는 '먹고살기'이다. 누구나 먹고살기 힘든 저성장 시대라고 하지만 작가들은 겉보기보다 더 힘들어하고 있었다. 자주 보이던 작가들이 어느 틈엔가 하나둘씩 떠나기도 했다.

예술가란 배고픈 직업이라더니, 현실은 그야말로 처절한 야생이었다. 내가 대학교 전공을 디자인과로 선택한 가장 큰 이유도 어른들의 인식 때문이었다. '순수미술은 가난하다'라는. 전혀 틀린 말은 아닌 듯하다. 특히나 신진작가들이나 비인기 예술을 하는 작가들은 하루하루가 힘들어 보였다.

"저 지난달에 16만 원 벌었어요."

웃으면서 이야기하는 어린 작가의 얼굴에서 과거의 내가 보였다. 한 달에 20만 원, 30만 원 벌고 좋아하던 그때, 아르바이트 하는 게 당연했던 그때, 그때의 내가 겹쳐 보였다. 다른 작가들이 "그땐 다 그런 거야"라고 공감 어린 위로를 해주었다. 나도 그랬고 다른 작가님들도 처음엔 다 힘들었으니까.

한편으로는 '꼭 그럴 필요는 없지 않나'라는 생각이 들기도 했다. 조금 힘들게 살 수는 있겠지만 적어도 사는 것 자체가 힘들다는 걱정은 안 할 수 있으면 좋지 않을까? 이렇게 힘들게 삶을 유지하는 후배 작가들이 안쓰러웠다. 이런 걸 보면 왜 이렇게 신경이 쓰이는지. 나 한 몸 건사하기도 힘든 세상, 조금 이기적으로 살아도 될 법한

데 말이다.

요즘은 이타적이면 패가망신한다고 하는 세상이다. 어떻게든 내 것부터 챙기지 않으면 빼앗긴다는 의식이 팽배하다. 경쟁 사회의 원인인 건지 결과인 건지 혹은 둘 다인 건지. 아무튼 그럼에도 불구하고 다른 작가들을 도와주고 싶다는 마음이 나를 괴롭혔다. 내가 멸종위기 동물들을 생각할 때 드는 것과 같은 마음이다. 그들이 하고 싶은 일을 하지 못하게 되는 것이 다른 이유면 몰라도 적어도 '돈' 때문이지는 않았으면 했다. 작가라는 직업이 배고픈 직업으로 인식되지 않았으면 한다.

그러고 보니 예술작가, 특히 조형작가라는 직업은 멸종위기의 소동물들과 비슷한 처지라는 생각이 들었다. 수많은 동물들 중에서, 그리고 수많은 직업들 중에서 가장 개체 수가 적고 언제 사라질지 모른다는 점에서 모종의 동질감이 느껴졌다. 코로나 시국 때 "이러다가 우리가 멸종하겠다"고 했던 농담이 우스갯소리가 아니었던 것이다.

내 의지와 상관없이 마음은 다짐을 내리고 있었다. 아니 그건 명령이었다.

'앞으로 작가가 될 어린 친구들이 꿈을 꾸며 예술을 할 수 있는 환경을 만들어주고 싶어.'

이런 이상적인 꿈을 꾸는 것에 대해 주변 사람들은 고개를 절레절레 젓는다. 뭐 어쩌겠는가, 내가 이런 사람인 걸. 우선 어떻게 도와줄 수 있을지 고민을 했다. 가장 일차원적인 후원은 뭐, 불가능하다. 한두 명도 아닌 여러 명의 작가를 후원할 경제적인 여유는 없다. 더 현실적인 무언가가 필요했다. 내가 지금 할 수 있는 일들이 무엇인지 추려보았다.

그렇게 해서 내린 결론은 '함께 할 수 있는 일을 해보자'였다. 작가에게는 그 어떤 것보다 작품을 보여줄 수 있는 기회가 필요하다. 같은 작업을 해도 작업실에서 혼자 습작을 하는 것과 전시를 목적으로 하는 것은 전혀 다른 경험이다. 관람객들의 반응을 떠나서도 전시를 마쳤다는 데에서 오는 성취감도 상당한 동기부여가 된다. 이러한 경험을 통해 작가는 마치 신생아가 성장하면서 이목구비와 성격이 뚜렷해지듯이 자신의 정체성을 찾아간다.

뜻이 통하는 작가들을 만났다. 다양한 기업과 기획자

들을 만나면서 할 수 있는 일들을 좁혀 나갔다. 일단 우리가 가장 잘 할 수 있고 또 우리에게 필요한 것은 전시였다. 나를 포함한 8명의 작가가 참여했다. 나의 취지에 공감해 도움을 주기 위해 함께 단체전에 참여해준 작가들과 신인 작가들로 이뤄졌다. 전시 주제는 '공존'으로 정했다. '도심 속에서 사람과 가장 자주 마주치면서 동화되지는 못하는 동물이 뭘까'라는 고민을 주제로 브레인스토밍을 했다. 우리가 내린 결론은 야생동물인 '새'야말로 도시의 인간과 가장 가까우면서도 가장 먼 존재라는 것이었다.

개성이 강한 사람들이 모인 만큼 흥미로운 전시가 될 거라는 기대감이 차올랐다. 작가들은 자기만의 방식으로 새를 만들기도 그리기도, 다른 방식으로 공존을 표현하기도 했다.

갤러리와 전시 공간을 두루 다니며 우리의 전시 주제와 작가들을 홍보했다. 많은 사람들이 모일 수 있는 장소가 필요했다. 다행히 내 개인전을 진행하면서 인연이 된 갤러리 아트버디에서 도움을 주기로 했다. 그렇게 강남 한복판에서 한 달간의 전시를 열 수 있게 되었다.

이번 주 수요일부터 강남에서 특별한 단체전이 열립니다.

이 전시는 제가 꽤 오래전부터 구상해두었던 '사람과 동물의 공존'이라는 주제의 첫 프로젝트입니다. 작년 여름부터 준비를 시작해 올해 초, 든든 후원자(아트버디 대표님)를 만나며 첫 삽을 뜰 수 있게 되었습니다. 이 세상 모든 동물에 대한 이야기를 담고 싶었던 동물 조형작가의 꿈, 그 첫 발걸음이 되겠네요.

'공존-가볍지만 가볍지 않은 존재들' 주제가 주제이니 만큼 미술에 관심이 없는 사람도 한 번쯤은 볼 수 있게 다양한 분야의 작가님들과 여러 소재, 여러 기법을 활용한 작품을 만나보실 수 있게 구성하였습니다.

여러 분야의 작가들이 모인 만큼 참여 작가님들도 서로서로 좋은 상호작용이 있을 거라 믿습니다. 누군가의 작품은 누군가에게 영감을 또는 자극을 줄 테니까요. 제가 의도하고자 한 것들이 잘 표현되지 않았을 수도 있습니다. 첫 걸음으로 많이 배워 두 번째, 세 번째 걸음으로 다시 만나 뵙겠습니다. 전시 기획과 진행에 힘써주신 아트버디 윤미연 대표님, 노승현 대리님께 다시 한번 감사의 말씀을 전합니다.

참여작가: 정의동 @studio_junguidong, 이안온 @lee.an.on,

권신애 @sinae_e, 사나고 @sanago_kr, 김진겸 @vitamin_imagination_kim_jk, 강도안 @do._.an, 윤지나 @ginayoon_portfolio, 노승하 @pooconi, 테라시아 @m0m0_ra

특별 게스트: 새덕후 @ozzy_kim

전시기획: 노승현, 정의동

일정: 2023. 10. 4. (수) ~ 2023. 10. 28. (토)

시간: 10:00 ~ 19:00 (토) 10:00 ~ 17:30 공휴일 휴관

장소: 서울특별시 강남구 논현로132길 6, 미래빌딩 1F

@gallery_artbuddy

한 달이 하루처럼 지나갔다. 매년 많은 예술인들이 단체전을 열어 자신의 작품을 알리고 있다. 누군가는 '단체전이 함께 할 수 있는 일이 될 수 있느냐,' '그게 도와주는 거냐'라고 생각할 수 있다. 하지만 나에게 이번 전시는 단지 단체전 하나를 한 것을 넘어서 내 새로운 목표와 꿈에 다가가기 위한 첫 걸음이었다. '허황된 꿈을 꾼다'는 얘기를 듣던 내가 꿈을 꾸는 작가들과 공존을 할 수 있다는 가능성을 확인한 사건이었기 때문에 더욱 특별했다.

돌이켜보면 매순간이 '공존'의 연속이었다. 한계에 다

다를 때마다 함께 참여해준 동료 작가들과 갤러리 대표님의 후원 덕분에 목표를 완주할 수 있었다. 공존에서 시작해 공존으로 끝나는 전시였다.

단체전을 끝낸 이후 작가들을 모아 크고 작은 일들을 본격적으로 시작했다. 사람들이 모이는 공간에서 새로운 전시를 하기도 했고, 지방의 기업들과 협업으로 지역 특산품의 패키징을 리뉴얼해 판매하기도 하는 등 작가들이 활동을 하고 돈을 벌 수 있게끔 조금씩 설 자리를 만들어가고 있다. 덕분에 이전에는 생각해보지 않았던 작업도 하게 되고, 갈 일이 없었을 장소에 가보기도 한다. 다른 작가들을 돕기 위해서 시작한 일들이 시간이 갈수록 오히려 나에게 도움이 된다는 것을 느낀다.

내가 예술을 하는 모든 이들과 함께할 수는 없겠지만 적어도 내 주변 작가들, 나와 인연이 닿는 작가들만이라도 하고 싶은 일을 더 오래 할 수 있다면 나는 충분히 만족할 것 같다.

이 세상의 모든 작가들 모두 파이팅!

ⓒ 정의동

ⓒ 강도안

© 사나고

© 노승아

© 김진겸

© 윤지나

멸종위기의 한국인

"자연계에 있는 어떤 종이 이 정도 출산율을 보였다면 사이즈와 무관하게 멸종을 고민해야 한다."

_이상림, 유튜브 'SBS D FORUM'

우연히 유튜브를 보는데 이 말이 귀에 들어왔다. 한국의 출산율이 0.7까지 떨어진 것에 대한 인터뷰 중에 나온 얘기였다. 멸종이라고? 와닿지가 않았다. 인간과 멸종이라니, 두 단어가 어울리지 않아 보였다. 지금껏 살아온 세계에서 멸종은 동물들의 일이었고 인간은 다른 종의 멸종을 일으키는 쪽이었다. 게다가 전 세계 인구는 내가 살아 있는 동안에만 60억에서 70억, 80억으로 증가

하고 있었다.

심각성이 느껴진 것은 한 문장 때문이었다.

'0.7은 1보다 0에 가깝다.'

여성 100명이 있는 사회에서 출산율이 0.7이면 다음 세대는 70명이 된다. 그리고 30년쯤 지나서 그 다음 세대는 70명의 0.7인 49명이 아니라 35명의 0.7인 25명이 된다. 100명이 한 세대 반 만에 25명으로 줄어든다는 것이었다.

이제는 상황이 달라졌다는 게 실감되었다. 웬만한 나라에서 출생이 줄고 있다. 아시아에서 특히 심하고 그 중에서도 한국이 압도적인 추세다. 총인구도 감소세로 돌아섰다. 인구감소는 멸종의 초기단계다. 인구감소가 지속되면 그 끝에 멸종이 있는 것이다. 둘은 사실 같은 것인데 하나는 머리, 하나는 꼬리라고 할 수 있다. 시기에 따라 이름이 다를 뿐이다.

외신들도 놀란 한국의 출산율...이대로면 잠재적 멸종 가능성

(서울경제)

"한국인 멸종위기" 출산율 0.72명에 외신들 경악(뉴스1)

'출산율 0명대' 멸종 위기 한국의 환상(아주경제)

대한민국이 사라진다…30년 뒤 서울 인구 793만명(연합뉴스)

  인간의 멸종은 동물의 멸종과 다를까? 언제나 그렇듯 관심이 생기면 그것과 관련된 자료를 찾아보는 게 습관이 되었다.

  공감되는 말이 있었다. 저출산은 문제의 원인이 아니라 결과라는 것이다. 저출산을 문제의 원인으로 보면 이민을 받거나 해서 인구 수만 늘리면 해결된다는 생각을 하게 된다. 하지만 저출산이 문제의 결과라고 한다면 얘기가 다르다. 단순히 아이를 많이 낳고 이민을 받아서 기계적으로 인구가 증가한들 근본 원인이 사라지지 않으면 그 효과는 지속될 수 없다. 그래서 진단이 중요하다.

  그 원인으로 지목되는 것을 들어보았다. 집값 폭등으로 주거 문제에 대한 불안감, 과도한 경쟁, 젠더 갈등 등등. 나는 그 분야의 전문가가 아니라 잘 모르겠다. 단지 내가 아는 수많은 멸종 이야기들이 떠올랐다.

보통 멸종은 서식지 파괴가 가장 큰 원인이다. 개발을 목적으로 땅을 파고 나무를 벤다. 작은 생물들이 사라지고 그것을 먹이로 삼는 먹이사슬의 상위 생물들이 먹을 게 부족해진다. 아무도 모르게 서서히 사라져가지만 아무도 눈치 채지 못한다. 어느 순간 문득 느껴진다. '요즘엔 개구리 소리를 들을 일이 없네. 어릴 땐 시골에 가면 이런 동물도 볼 수 있었는데.' 항상 그렇듯 깨달을 때는 이미 너무 멀리 와 있을 때다.

집값이 오르고 하루아침에 내 집 마련이라는 꿈은 저 멀리 사라진다. 개발이라는 열차에 타지 못한 존재들은 번식을 포기한다. 아무도 이들을 동정하지 않는다. 전세 사기가 극성을 부려도 억울한 건 피해자들이다. 개발에 올라탄 사람들은 이들을 나무란다.

내가 아는 한 대부분의 생물 종은 서식지 환경이 파괴되면 서서히 사라져간다. 그것이 잘못인지 나는 잘 모르겠다. 내가 아는 한 자연적인 현상에 가깝다. 나 역시 오늘날 종족유지의 책임을 짊어진 세대의 일원으로서 남 일 같지가 않다.

이 소외된 존재들은 있을 때는 티가 나지 않는다. 이

들의 존재가 그 자체로 귀한 대접을 받지 못한다. 하지만 이들이 사라지기 시작하면 서서히 빈자리가 보이기 시작한다. 든 자리는 몰라도 난 자리는 안다고 하지 않는가. 그런데 정작 출산을 하는 나이의 사람들에게 그 누가 진정으로 관심을 가져주는지는 잘 모르겠다.

'동물을 보존해야 한다,' '완전히 멸종되기 전에 복원해야 한다'와 같은 말을 하면 이해가 안 된다는 표정을 짓던 사람들이 떠오른다. 환경에 적응하지 못한 그들의 책임이지 어쩌겠냐는 말과 함께. 이런 마음을 가진 사람들은 먹고살기가 힘겹고 경쟁에 버거워하는 소외된 사람들에 대해서도 똑같이 얘기하지 않을까. 동물들에 대해 하던 차가운 말들이 하루하루 버티며 살아가는 동료 작가들과 나를 비롯한 멸종위기의 존재들을 향하는 것 같이 느껴질 때가 있다.

출산율을 회복하기 위해 어떻게 해야 할까? 난 그 분야의 전문가가 아니어서 잘 알지 못한다. 단지 오랜 기간 다양한 멸종에 대해 관심을 갖고 공부하면서 깨달은 게 있다면, 무너진 환경이 복구되지 않은 채 종이 스스로 극복하는 경우는 좀처럼 보기 힘들다는 것이다. 젊은

이에게 왜 아이를 낳지 않느냐고 하는 것이 돌아오지 않는 철새에게 왜 안 오냐고 하는 거랑 무엇이 다를까? 스스로 생존하기 힘든 환경에서 생물들은 저항하지 않는다. 아무 말 없이, 아무도 모르게 서서히 사라져갈 뿐이다. 내 몸 누울 자리 하나 마련하기 버거워 점점 더 고립된 환경 속으로 움츠러드는 내 친구, 지인들과 우리 세대를 떠올리면 아무 말 없이 겨우 존재하는 동물들이 겹쳐 보인다.

멸종동물과 관련해 인터뷰를 하거나 대화를 할 때 '멸종위기에서 벗어나려면 어떻게 해야 하나요?'는 단골 질문이다. 나의 대답은 단순했다.

"관심을 가져야 해요. 일단 많은 사람들이 아는 게 중요합니다."

'관심을 가지기만 한다고 뭐가 달라질까'라는 생각이 들 수도 있다. 이럴 땐 반대로 생각해보면 도움이 된다. 동물들 멸종의 가장 근본적인 원인은 바로 무관심과 무지다. 관심이 없으니 모르고, 또 모르니 관심이 없는 것이다. 적극적인 무관심이 있다. 이런 얘기를 들어도 '그게 나랑 무슨 상관이냐'라고 하는 것이다. 이런 사람도 적다고 할 수 없지만 나는 대부분의 사람은 소극적인 무관심이라고 생각한다. 소극적인 무관심이란 그냥 하루하루 사는 데 집중하다 보니 들어본 적이 없어서 모르는 것이다. 이런 사람들은 어떤 계기로 심각성을 알게 되면 작은 행동을 실천하기도 하고 최소한 의식이 바뀌기라도 한다.

오늘날 얼마나 많은 사람이 환경문제를 진지하게 생각하며 행동에 옮기는가? 재활용품 분리수거 하기, 플라스틱 사용 줄이기 등 엄청난 결단이 필요한 게 아니라 일상을 유지하면서 실천할 수 있는 작은 행동들 말이다. 한 사람의 삶에서는 작은 행동이지만 많은 사람이 하나의 작은 행동을 할 때 인식이 변하고 기업들이 따라오는 것을 목격하지 않았나. 불과 10년 전만 해도 상상하기 어려웠던 변화다. 내가 다른 것보다 '알리는 일이 중요하다'고 생각한 것도 이 때문이다. "이런 동물들이 있어요. 그런데 사라지고 있어요. 이 동물들이 사라지면 다음 세대 아이들은 자연의 경험을 누리지 못하면서 자랄 거예요. 생태계가 무너져서 보이지 않게 우리에게 안 좋은 영향을 미치고 있어요." 이런 얘기를 하면 어떤 사람들은 듣고 공감해주었다.

그런 말이 있다. 어떤 사람의 진짜 모습을 보려면 약자를 대하는 태도를 보라고. 사회적으로 나보다 아래의 위치에 있는 사람이나 어린아이와 여성, 노인, 그리고 강아지 등. 멸종위기 동물들은 그중에서도 우리 사회에서 가장 약하고 가장 함부로 대해도 되는 위치에 있다. 아니 우리 사회에 속하지도 않은 것 같다. 멸종위기 동물들을 대하는 모습이 우리 사회의 진짜 모습은 아닐까? 동물들을 멸종으로 내몰았던 눈빛과 행동으로 사람을 대하니까 사람도 멸종으로 향하는 것은 아닐까? 동물들은 말없이 사라져감으로써 우리 인간의 감춘 민낯을 드러내고 있다.

생명은 그 자체로 귀하다. 나에게 직접적인 이익이 되지 않더라도 같은 공동체의 구성원이라면 죽게 내버려둬서는 안 된다. 우리는 모두 공존할 수 있다. 모든 사람이 최소한 이런 마음가짐만 갖고 있어도 우리의 염려가 해결될 수 있다고 나는 믿는다. 인구감소의 근본 원인이

해결되지 않은 상황에서 이민을 많이 받거나 청년들에게 얼마를 준다고 해서 인구가 증가할까? '밑 빠진 독에 물 붓기'라는 말이 있듯이 물을 붓기 전에 깨진 독을 막는 것이 우선이 아닐까 싶다.

왜 사라지면 안 되나요?

종종 사람들이 물어본다. 사람 살기도 어려운 세상에 멸종위기 동물을 왜 보호해야 하냐, 공룡이 멸종됐지만 아무런 문제가 없지 않냐, 복원사업에 쓰이는 돈을 다른 데 쓰는 게 낫지 않느냐고. 대부분의 경우 좋은 의도로 순수하게 물어본다. 멸종위기 동물에 관심이 많고 관련된 직업을 가진 사람의 견해가 궁금한 것이다. 그러나 간혹 비아냥거리는 태도로 물어보는 사람들도 있다. 사실은 꽤 많다. 지금 우리 사회에 중요한 일이 얼마나 많은데 그런 데까지 신경을 쓸 수 없다는 것이다.

내가 기억하는 어린 시절에는 야생동물 한 종이 멸종하는 건 큰 문제가 되지 않을 수 있지만 이 일이 반복되면 생태계가 깨지고, 생태계의 불균형은 인간에게 피해를 줄 수 있다는 의식이 있었던 것 같다. TV 프로그램이나 학교에서 어른들 말씀 중에서 이런 얘기를 들었던 기억이 생생하다. 그런 말들이 지금의 내 생각을 만든 것이기도 하다.

생태계를 구성하는 야생동물 하나하나가 인간의 삶에 많은 도움을 주고 있다. 우리에게는 한 종 한 종이 모두 소중한 생물자원이다. 동물이 어떻게 자원이 될 수 있냐고? 예를 들어보자. 잠자리 한 마리가 있다. 이 잠자리는 한 달 동안 약 1천여 마리의 모기를 잡아먹는다. 잠자리 열 마리를 잡으면 모기 1만 마리를 살려두는 꼴이다. 전 세계 3,500여 종의 모기 중 어떤 종들은 말라리아, 뎅기열과 같은 전염병을 옮긴다. 다행히 한국에서는 흔치 않은 일이지만 해외여행을 많이 다니는 점을 고려할 때 남 얘기라고만 할 수 없다.

인간이 방역을 실시해 모기의 개체 수를 줄이려 하는 와중에 인간이 가만히 있어도 이런 모기의 개체 수를 줄여주는 잠자리는 생태자원이라고 할 수 있지 않을까? 이런 잠자리를 멸종하게 내버려둔다면 인간은 방역에 더 많은 인력과 자금을 쓰면서도 여전히 시달려야 할 것이다.

실제로 야생동물들이 멸종하면서 생긴 생태계의 빈자리는 직간접적으로 인간에게 안 좋은 영향을 준다. 우리나라에서는 호랑이와 표범, 반달가슴곰, 늑대와 같은 최상위 포식자들이 절멸하면서 멧돼지, 고라니와 같은 초식동물들이 기하급수적으로 늘어났다. 멧돼지와 고라니는 농가에 피해를 입히거나 인간을 공격하기도 한다. 멧돼지, 고라니에 의한 농작물 피해가 연 100억이 넘고, 피해를 복구하거나 예방하는 데 쓰이는 예산까지 고려하면 예삿일이 아니다. 한 해 농사를 망친 농민 한 가정 한 가정의 사정을 다 헤아린다면 그 피해의 총 규모는 수치로 측정할 수 있는 범위를 넘는다. 어떻게 보면 야생동물 복원 사업도 다 사람이 살기 위해 해야 하는 일인 것이다.

잘 모르는 사람에게는 이렇게 논리적인 대답을 하곤 한다. 하지만 나라는 사람의 지극히 개인적인 대답은 따로 있다. 나는 나의 (언젠가 태어날) 아이, 그 아이의 아이가 우리가 느꼈던 자연을 눈으로 보고 코로 맡고 손으로 만지면서 자라길 바란다. 내 아들 딸들이 자연을 책에서만 또는 동물원, 박물관에서만 볼 수 있는 세상에서 살지 않았으면 좋겠다.

미래의 아이들이 초여름 밤이면 개구리 우는 소리를 들었으면 하고, 늦여름 밤이면 반딧불이가 만들어내는 작은 은하수를 보았으면 한다. 자연의 아름다움을 느끼며 자라서 자연을 필요로 하고 아끼는 사람들이 되었으면 한다. 그때 그 감정과 경험들이 그 다음 세대의 아이에게 다시 전달되었으면 좋겠다. 이유는 단순하고 지극히 개인적이다. 그게 내 어린 시절의 가장 행복한 기억이었으니까.

'나는 자연에서 겪은 경험들이 너무나도 좋았어. 너희들도 나와 같은 경험을 할 수 있는 세상에서 살았으면 좋겠어. 우리가 물려준 자연을 너희의 자식들에게도 잘 지켜서 물려주렴.'

어릴 적 할머니 집에서 산개구리를 잡아 수돗가에 놓아두었다. 그날 산개구리 소리를 처음 들었다. 참개구리, 청개구리와는 다른 소리였다. '호로로록, 호로로록.' 이 소리가 재밌다며 꺄르르 웃으면서 내일도 수돗가에 개구리가 그대로 남아 있을지에 대해 할머니와 이야기를 했다. 15년이 흘러 훈련병 시절. 야간행군이 한창이었다. 산 아래를 걷던 중 어디서 들어본 것 같은 소리가 들려왔다. 불현듯 그날 이후로 한 번도 기억하지 않았던 그날이 떠올랐다. 할머니와의 좋은 기억. 순식간에 나는 그날 밤으로 시간여행을 했다. 산개구리 소리가 잊고 있던 추억을 꺼내주었다.

나는 이렇게 동물들의 소리를 듣거나 동물을 보면 어릴 때 그 동물과 있었던 이야기들이 머릿속에서 재생된다. 그 순간들이 너무 좋다. 젊은 아버지와 어머니, 내 이름을 불러주는 할머니, 순수했던 친구들, 엄청 크게 느껴졌던 초등학교 운동장 등등 그 찰나에 많은 기억이 지나쳐간다. 이런 추억을 떠올리며 한동안 웃음을 짓곤 한다. 인간은 추억을 먹고 사는 존재라고 하지 않던가. 어릴 때 자주 듣던 노래를 오랜 시간이 지나서 다시 들으면 주변 공기와 감성, 모든 게 그 시절로 돌아가는 경험을 해본 사람이라면 공감할 것이다.

어느 날 작가님들과 공원을 산책하다 중백로를 보았다. 중백로는 논과 하천에서 볼 수 있는 여름 철새다. 백로는 제법 많은 종이 있어 구분하기가 쉽지 않은데, 초등학교 고학년 때 구별법을 외워서 아버지에게 들려주었던 기억이 있다. 대백로, 중대백로, 중백로, 쇠백로, 노랑부리백로, 황로, 왜가리, 붉은왜가리, 흑로등 등 총 18종이다. 이 녀석들의 구분법을 외우고 혼자서 굉장히 뿌듯해했다.

아버지에게 인정받고 싶은 욕구가 많았던 나는 저걸 다 외운 날 아버지의 퇴근시간만 기다렸다. 귀가한 아버지가 베란다에서 난을 관리하고 있을 때 따라 들어가 한참을 이렇게 저렇게 이야기했다. 이 많은 걸 다 외웠냐고, 대단하다고 아버지가 웃으며 이야기해주었다. 아버지한테 칭찬 들었다고 어머니에게 가서 자랑을 했다. 기억 속의 어머니, 아버지가 너무 젊다. 그날의 따뜻한 온도가 그립다. 이렇게 한 번씩 잠시 과거로의 추억 여행을 떠나본다.